たいのおかしら

さくらももこ

集英社

著者(右)三歳の御祝い
左は姉、五歳

87頁からの「写真」の章と併せてお読み下さい

目次

装丁&装画——さくらももこ
A・D——明比朋三

たいのおかしら

歯医者に行く

半年程前、うがいをしていたら奥歯の詰め物がコロリととれた。私は驚き、「おお、二十年も前に詰めた物がこうして役目を終えて遂に出てきたか。よしよし、よくがんばった」等とひと通り詰め物に感謝した後、次第に痛みを覚えてきた。

やはり歯医者に行くべきであろう。行くべきなのは分かっているが、心は嫌だと言っている。しばらく放っておいたらさぞ痛くなるであろう。

そう思いつつしばらく放っておいたので、案の定〝さぞ痛く〟なってきた。冷たい物を食べれば「ひぃぃ」と叫び、熱い物を食べれば「おぉぉ」と叫ぶ。そのような生活を三週間余り続けてみたが、どうにもこうにも面白くない。

私は主人に「歯医者に行こうと思うのだが怖くてなかなか行けない。一体どうすれば良いか」と相談してみた。

すると主人は「それなら笑気ガスを使用している歯医者に行けばいい」と答えた。

主人の言うところの〝笑気ガス〟というものは、鼻から吸い込むだけで恐怖心が取り除かれ「さあ、いつでもドンと来い」と勇気まで湧くという不思議なガスなのだそうだ。

この世にそんな便利なガスがあったとは!! ガス＝《イコール》オナラの常識は葬られた。

私は〝笑気ガス〟を心に抱き、主人から教えられた歯医者に駆け込んで行った。

医者の顔を見たとたん、「笑気ガスお願いします」と告げたので、医者は驚き「あなた、大人なのにそんなに怖いの?」とつぶやいた。大人だろうが江戸ッ子だろうが怖いモノは怖いのだ。

私は非常に恐ろしいという胸の中《うち》を告げ、笑気ガスの到来を待っていた。

まもなく医者が「笑気」と助手に命じる声が聞こえた。〝へー、笑気ガスを

略して笑気って呼んでるのか。カッコイイなァ〟と、特に工夫もない歯科界の略語に〝通《つう》〟を感じ、悦に入っていた。

数分後、私の鼻に、望み通りのガスマスクがはめられた。これで恐怖から解放されるのだ。しかし、本当にこれでいいのだろうか。

私の心の中に、また新たな恐怖が巻き起こってきた。このガスを吸って、変になったりしないだろうか……。

恐怖を取り除くための設備に恐怖を感じることになろうとは。

私の心中のパニックも知らず、医者は「今からガスを流しますから」と呑気《のんき》に告げた。〝いよいよこれまでか…〟シュウというガスの流れる音が耳に届く。

ここはナチのガス室だ。私は捕えられたユダヤ人だ……頭の中に卍《まんじ》が浮かぶ。

私はガスを吸うまいとし、しばらく息を止めていた。が、所詮《しょせん》卍にかなうはずもなく、数秒後には力尽き、「少しずつなら吸ってもよかろう」という脳の判断が下された。

ところが、息を止めていた反動で、少しずつ吸い込むという計画は失敗し、

初めから大きく吸い込むことになった。

鼻先から「フガァ」等という不愉快な音までたてながら、私は笑気ガスをガンガン体に取り入れていった。もう後戻りはできない。体中に笑気ガスは運ばれてゆく。

次第に頭がボンヤリしてきた。普段からボンヤリしている私だが、そんなボンヤリとは比べものにならない、とびきりのボンヤリである。

〃もう、どうでもいいや〃と、何がどうでもいいのかわからないが、何もかもどうでもよくなっていった。

今、自分がここで歯の治療をしに来ている事も、仕事の事も、全て無縁の世界の事だと感じ始めていた。

目をつぶると、どこかアラビアか何かの王様になった気がする。カシャカシャという、歯科医達の器具の音が、王様のためにフルーツを運んでくる食器の鳴る音に思えてくる。

私は非常に漠然《ばくぜん》としてしまった。この気分は漠然としか言いようがない。と

にかく馬鹿馬鹿しいほど〝漠然〟なのだ。

　死んだサカナの様に漠然としている私を医者がチラリと覗《のぞ》き、「だいぶ効きましたね、そろそろ始めましょうか」と言った。

　私はまだアラビアの王様になっていたため、「そろそろ始めましょうか」の声が、どこか遠い町のカーニバルでも始まる知らせの様に感じていた。

　うっすら目を開けると、そこには医者が真面目な顔で立っており、ちょうど私の鼻からマスクをはずそう

としているところであった。

医者は事務的にマスクをはずし、アラビアの王様にむかって口を開けるよう命じてきた。

ポカンと口を開けている間に、みるみると現実が帰ってきた。そうだ、ここは歯医者だ、アラビアであるはずがない。いくら待ったってフルーツなんて出るわけない。

我に返り始めた私の口の中に、麻酔の注射がキュウッと刺された。

〝やられたっ〟アラビアの国王暗殺である。『太陽にほえろ』で殉職する刑事の様な表情になっているのが自分でよくわかる。

もう笑気ガスの効能はほとんど残っていなかった。何と潔《いさぎよ》く消えてしまうものだろう。

ギュンギュンと例の機械がフル回転している音がする。私は泣くわけにもいかず、ただこの医者の腕だけを信じ、目だけギョロギョロさせていた。

ゴゴゴ…という工事中の轟音《ごうおん》が全身に響く。医者は「少しでも痛かったら、

手を挙げて下さい」と言ったので早速手を挙げた。

医者は「えっ、もう!?」と明らかに心の中で言ったであろうと思われる顔をし、追加の麻酔を注射した。今回の注射は先程の麻酔が効き始めていたため、あまり痛くなかった。

麻酔の効能は大したもので、それからしばらくの間、ゴゴゴ…という振動だけが体を通過するものの、痛みは全く感じなかった。このゴゴゴ…も慣れれば親しみの湧くもので、軽い振動が頭部のマッサージにつながる様な気さえしてきた。

調子にのってきたところで医者は「うーむ、思ったより悪いみたいですね。これは神経を抜く事にしましょう」と言い出した。

何かえらい事になってしまった。神経といえば、解剖されたカエルですら、背骨あたりを突つけばピクリと手足を動かすほど敏感なシステムになっている部分ではないか。それを抜くとは一体この先私の奥歯の一生は……。

私はまた恐ろしくなり、痛くもないのに手を挙げたため、麻酔の注射が追加

された。

医者は細長い針の様なものを、何本も私の奥歯に刺し始めたようである。麻酔のおかげで痛みこそ無いが、細長いものがかなりの深さでヒュルリヒュルリと刺し込まれてゆく感覚だけははっきり分かる。

ずい分時間が経《た》った。この病院へ来てから、アラビアの国王となり暗殺されマッサージを楽しんだあげく神経が抜かれるというドラマを、一時間半もかけて体験したのだ。

そのドラマもようやく終了しようとしている。医者が「はい、今日はおしまいです。うがいをして下さい」と言いながら治療台をギーッと上げ始めていた。

私はうつろになりながら、アルミのコップを手にとり、水を口に含んでブクブクと、あの〝フグ面法《づら》〟によるうがいをやり始めた。ところが唇の半分に麻酔がかかっていたため、口が思うように締まらず、ピューピューと水鉄砲の如く水があちこちに飛び散り、病院の床は濡れたが見て見ぬふりをした。

受付嬢の爽《さわ》やかな笑顔に見送られ、外に出た。太陽の光がやけにまぶしい。

私が歯の治療をしていた間も、地球は回り人々は息づいていたのだ。心が洗われる想いがあふれた。

何か幸せな気分であったため帰り道の和菓子屋でつい団子を買ってしまい、口の中の麻酔が効いているうちに食べてみるという実験までしてみた。大体予想していた通り、口の半分は正常な味覚を捉《とら》えたが、麻酔方面の半分では丸い物が単にゴロゴロ動く感じがするだけであった。

うっかり麻酔側の頰《ほお》の肉を少し嚙《か》んでしまったらしく、ずいぶん経ってから痛くなってきた。

これも団子でくだらない試みをした自分のせいであり、以後気をつけるための教訓となった。

タンスを求めて

先日、急にタンスが欲しくなった。

急にと言っても、それまでずっと何となく欲しいと思っていたタンスへの想いがとうとう頂点に達したのだ。

私は前から木のタンスが欲しかった。茶色の木でできていて、黒い凝《こ》った金具がくっついている、〃おばあさんの家にある小ダンス〃が欲しかったのである。

インテリアの雑誌を眺めていると、外人のミッシェルさんだかという人の家に、まさに私の欲しいタンスが置いてある写真が載っていた。洋風の部屋なのに、絶妙なセンスで和ダンスがぴったり合っている。

〃これだ。私の求めているタンスの感じはこれなのだ〃そう思い、早速自宅の殺風景な居間の下見をしにメモを片手に階段を上った。

こんなに自宅が殺風景なのも、タンスがないせいではないか。タンスさえあれば、全ての空間に潤いがでるような気がする。タンスこそ、生活に無くてはならないものなのだ。

私は夫にタンスを買う宣言をした。もう一刻も早くタンスを買う必要があるのだと力説した。夫は突然のタンス宣言にとまどい、「タンスに何を入れるわけ？　急に買わなくてもいいんじゃない？」と

面倒臭そうに言っていた。タンスに何を入れるか等という事は問題ではないのだ。とにかく室内にタンスがあるという事が大事なのである。それを夫は全然わかっていない。彼は部屋の美しさとか調和という事に興味がないのだ。家というものは雨風をしのぐだけのものだと思っている。その証拠に、台風がきたりすると満足そうに外の景色を見、「ああ、雨風がしのげてよかった。家はえらいなぁ」等とつぶやいている姿をよく目撃する。

家はそれだけの物ではない。タンスも必要なのだ。何が何でもタンスなのだ。私は夫に構わずタンスを求めて家を出た。外人のミッシェルさんだかの家にあるようなタンスをどうしても手に入れるのだ。タンスのためなら仕事なんて多少遅れても構わない。

まずはさびれた中古物屋に行ってみた。アンティーク店ということになってはいるが、その店の物は中古としか言いようのない薄汚い物ばかり並べてあった。

昔風な和ダンスもあるにはあるが、引き出しを開けてみると「この前までパ

ラゾールが入ってました」という感じでどうも使う気がしない。

どのタンスもお茶をひっくり返したようなシミがくっついていたり、婆さんの手垢《てあか》がくっついていたり、嫁と姑の諍《いさか》いを三十年間見てきましたという様な顔をしてたりして、家に置くのは気持ちが悪い。

新品だが趣のあるタンスはどこに行ったらあるのだろう。外人のミッシェルさんはどこで買ったんだろうか。

家具屋を何軒も見て回ったがなかなか〝これぞ〟という物がない。その日は仕方なく諦《あきら》めて、疲れ果てて家路についたのであった。

私の頭の中は〝タンス〟の三文字がうず巻いていた。本屋に行ってタンスの載っている本を探したり、母にタンスの相談をもちかけてみたりしたが有力な手がかりは見つからなかった。

タンスに心を奪われて一週間、私は美容院に行き、待っている間に読んでいた雑誌にたまたま〝タンス特集〟が載っているのを見つけた。「おお、タンス!!私が欲しいタンスはこれだよ、これ」と心の中で叫び、その特集をむさぼり読

んだ。

それには、タンス職人さんの心意気からタンスの種類、造る工程などが詳しく書かれており、それが仙台のタンスである事が判明した。

——仙台。私は仙台が好きだ。行った事はまだないが、うちの会社の社員が用事で仙台に行った時に、仙台の人達はとても優しかったと言う。笹《ささ》かまぼこのおいしさからして、仙台はいい所に決まっている。そのうえ、このタンスである。私が仙台を好きなのも当然と言えよう。

しかし仙台は遠い。タンスを求めて仙台まで旅に出ようかとも思ったが、日常の雑事に追われる身にとって、仙台はニューヨークやガラパゴスと同じくらい遠くにあるのだ。

私の頭の中は仙台とタンスでうず巻くようになっていた。仙台まで行かなくても、仙台のタンスを手に入れる事はできないであろうか。いろんな人に尋ねても「仙台のタンスは仙台でしょう、やっぱり」という答えしか返ってこない日々が続いた。

私の「仙台のタンスについて人に尋ねる」という事が半ば習慣になりつつあったある日、一人の知人が「仙台のタンスって、仙台ダンスの事？」と聞き返してきた。仙台のタンスは〝仙台ダンス〟というひとつの種類として呼ばれていたのだ。なるほど仙台のタンスだから仙台ダンスとはわかりやすくて好感がもてる。

知人は「仙台ダンスなら、大きいデパートに行けば売ってるんじゃない」という情報まで教えてくれた。

デパート!!　なぜ今まで気がつかなかったのであろう。あそこになら仙台でなくても仙台ダンスはありそうだ。

私はタクシーに飛び乗り、デパートへ急いだ。外人のミッシェルさんもデパートで買ったに違いない。それでなかったら仙台で生まれた外人だ。

いろいろな事を考えているうちにタクシーはデパートに着いた。私は一目散で家具売り場に直行し、遂に仙台ダンスと感動的な出逢いをしたのである。

仙台の　仙台ダンス　良いタンス　　ももこ心の俳句

このように心の中で一句詠《よ》み、少し落ち着きをとり戻しながら店員を呼び、ひと目で気に入った小ダンスを一個注文した。

私はあの小ダンスのために何か敷き物も用意しようと思い、デパートに行ったついでにカーペットのコーナーに立ち寄り、東南アジアの奇妙な柄の敷き物を一枚購入した。

数日後、タンスは届き、敷き物と一緒に居間の隅に置かれた。だが部屋の中央部は夫のちらかしたビデオテープがメチャクチャに置いてあり、タンスによって潤いのある空間ができた形跡はない。

タンスの中にも夫のビデオテープがメチャクチャに入れられている。敷き物は足で踏まれるために場所がズレ、少し変な位置に行ってしまった。

仙台ダンスが足りないのであろうか。いくつぐらい買えば部屋が潤うのであろうか。外人のミッシェルさんに是非教えていただきたい。

英会話の学習

英語は、外人の言葉である。だからそれを日本人がうまく使う事ができないとしても仕方あるまい。

そう思って二十八年生きてきた。そう思って生きてきたのだから当然英語は全くうまく使えないまま現在に至る。

こんな具合なので、海外旅行をしても別に面白くも何ともない。毎回外人にニヤニヤと無意味な笑いをふりまいて帰ってくるだけである。非常に疲れる。

私は昨年インドへ行ったが、あの国の人でさえも流暢《りゅうちょう》に英語を使って話していた。いや、流暢ではないのかもしれないが、私には流暢にきこえた。裕福な家庭のインド人はもちろん、どんな辺境の地の貧しい村の無学そうなインド人すら英語を使って会話をしていた。

これは私にとって衝撃であった。学校に通っていないインド人の子供が、英

語を使っているのである。インド語を使うはずのインド人の子供が英語をマスターしているのである。そればかりではない。英語のみならず、日本語まで少し覚えてしゃべる者さえ存在していた。インド語・英語・日本語の三カ国語を身につけているのである。もしかしたらフランス語や中国語まで秘かに身につけているかもしれない。

私はインド人に負けたと感じた。この敗北感は耐え難い。口惜《くや》しいが〝少しはインド人を見習ったらどうだ〟という一喝が頭の中に響き渡っていた。

ライバルはインド人である。インド人よりも英語をうまく話せるようになって、インド人をびっくりさせてやる事がとりあえずの目標である。

早速書店に行き、英会話の本とテープを買ってきた。これさえあれば、もう半分は英語をマスターしたも同然だ。今まではこれが無かったから英語ができなかったのだ。

そう思い、本を片手にカセットテープをきいてみる事にした。

カセットテープからは、本物の外人の男の声がペラペラッと素早く流れてい

る。わからぬ。一体この外人は何を言いたいのだ。

私はペラペラとしゃべりまくる外人にすっかり腹が立ってきた。そりゃ外人はわかってるからいいであろう。ペラペラでもベラベラでも何でも言えばよい。だが、こっちは勉強しようと思っているのだ。もっとゆっくり言ってもらわなければ学習するどころではない。

私が腹を立てているうちに、テープの物語の内容はどんどん進んでゆき、先程の外人の男にどうやら彼女ができたようだ。何やら自宅に女の外人を誘っている様子である。

なかなかやり手の外人男に、少し興味がわいてきた。ペラペラ早口でしゃべるのは気にくわないが、しばらく様子をみる事にしよう。

この外人の男はジョンといい、女の方はアンである。そのくらいは私にもわかる。物語の内容は、いくつもの項目に分かれているのだが、大体次のようである。

ジョンという男はすぐにアンを色々な場所に誘う。ダンスパーティーやら、

映画やら、旅行にまで同伴して同じホテルに泊まるのだから、いかがわしいと言わざるを得ない。ジョンはアンのために食事をおごったり劇のチケットを買ったりして金をつぎこむのである。

一方アンという女はわりと図々《ずうずう》しい。ジョンの誘いにとことんつきあい、プレゼントをもらい、ごちそうしてもらい、挙げ句の果てに金まで貸してもらう始末である。たかだかラジオを買うくらいでローンまで組み、そのわりにはジョンをおいて一人旅に出たりもする。自由奔放に生きているのだ。アンの一人旅というのも、ひょっとしたら別の男が同伴している可能性がある。そこまで詳しく教材には記されていないが、ジョンと気軽に外泊するような女であるから、貞操観念は柔軟なのであろう。まあ別によい。

気の毒なのはジョンである。アンとしばらく会えない日々を過ごすうち、足を骨折したのである。痛かったらしい。おまけに知人は離婚をし、かなりショックを受けた様子だ。

そんなジョンの気も知らず、アンは遂に世界一周旅行に出かけてしまう。そ

ヘーイ アン
なさけない男 ジョン
（イメージ）
ホホホ
きたわね ジョン
気ままで ずうずうしい女アン
（イメージ）

して帰ってきたとたんに、ジョンに芝刈りとガレージの掃除を命ずるのである。

　そんなひどい女のために、芝を刈るジョンもジョンだ。呆《あき》れた事にジョンは「芝を刈るのは楽しい」等とやせがまんのセリフまでつぶやくのである。ジョンよ、もう勝手にするがよい。お前は一生アンの僕《しもべ》なのだ。

　私はジョンとアンの青春に愛想が尽きた。記憶に残っている単語は「ヘーイ、アン」

と「ハーイ、ジョン」ぐらいなものだ。ちなみにジョンとアンの細かい事情については本の日本語訳と照らし合わせて知った事だから私の実力で解釈したものではない。無駄な時間を費やしてしまった。ジョンとアンのくだらない青春に二時間つきあっただけで終わった。

そういえば、夫は英語が得意であった。彼は子供の頃から英語が好きだったという。別に英語の学校に通ったわけでもないのに、かなり英語が話せる様子である。

これはひとつ、身近な人に教えてもらおうと思い、夫のところに頼みに行ってみた。

夫は「よし、それじゃあ日常会話を英語にしてみよう」と言ったので、そうすることにしてみた。

私は「へーイ、マイ・ハズバンド」と、一応言ってみた。「へーい、私の夫よ」と呼びかけてみたのである。人は日常、あまり「夫よ」と呼びかけたりしないものだが、やるだけやってみようという気持ちから出た言葉である。

さて、「夫よ」と呼びかけたはよいが、特に話したい事柄もない。仕方ないので「ハーワーユー」と機嫌をうかがってみた。夫は、「アイム・ファイン」と言ったきり黙っている。こちらの機嫌もきき返してくれれば「アイム・ファイン・ツー・センキュー」くらい言えるのだが、きき返してもらえなかったからには自分から言うのも変なので言わない事にした。

さて、私は「仕事の進みぐあいはどんなもんか」と尋ねたいのだが言い方がわからない。「私の仕事の方は順調で、今週いっぱいには漫画が描き上がるよ」とも知らせたいのだがこれもわからない。

私達は沈黙になった。夫は明らかに私からの発言を待っているようである。だが私から言うべき事は何もない。言いたいのだが言えない。

たまに夫が何か言ってもわからない。こちらは「ハテ、ナンデショウ」という顔つきでスッポンの様に首を前に出して終わるだけである。

遂に夫は「…もうやめよう」と日本語で宣告した。わずか十分余りの試みであった。その後、夫は私に英語を教えようと努力し、発音のことでずいぶん熱

心に指導してくれたのだが「唇を噛《か》んで舌を巻いて息をプッと吐け」だの「アゴを出して下唇をどうのこうの」だの、難しい事を言うのでついていけなくなり挫折《ざせつ》した。あのまま続けていたら顔が疲労し、日常生活が無表情になってしまったであろう。

夫はもう私に英語を教えてくれなくなった。教えがいがないようだ。私自身もこれ以上夫に英語の事でわずらわせるのは肩身が狭い。

自分で学ぶしかない。学問に王道は無いと昔から皆そう言っている。その通りだ。インド人だって苦労したに違いない。

気を取り直して、また新しい教材テープを購入してみた。このテープは聴くだけでどんどん英語が上達するという不思議なテープらしい。不思議というからには、「なぜだか知らないけど最近やけに、英語がしゃべれるんだよね」というふうな新しい自分にいつしか巡り合える仕組みになっているはずだ。不思議とはそういうものである。

私は「早く〝なぜだか知らないけど英語がしゃべれる〟ようになりたい」と

思い、テープを毎日聴いていた。くりかえしくりかえし一週間続けてみた。だんだん英語を聴くのが嫌になってきた。それでも聴き続けた。非常にうるさくなってきた。しまいに気持ち悪くなってきた。

吐き気寸前まで気分は悪くなり、テープを聴くのを中断せざるを得なくなった。こんなに聴いたのに、まるっきり覚えていない。私は頭が悪いのだ。頭が悪いのは生まれつきのものだから、手のほどこしようがない。

インド人は頭がいいのだ。ずるそうにキラリと光る目元からも、その頭の良さは垣間《かいま》見る事ができる。だから英語も覚えられるのだ。

私はインド人に負けた。正々堂々と完敗を認める。ターバンを巻けば、少しは賢くなるのであろうか。

グッピーの惨劇

グッピーという陽気な名前の魚がいる。どこかの暑い国に住んでいる熱帯魚である。メダカよりひと回り大きい位の小ぶりな魚で、メスはとりたてて誉《ほ》めるところはないが、オスは色彩が入り混じって実に美しい容姿を備えた魚なのだ。

そのグッピーを飼う事になったのが小学校六年の時である。姉が「生物部でグッピーの大安売りをしていた。一匹十円だったから五匹買ってきた」と言いながらビニール袋に入れて中学校から帰ってきたのが事の始まりであった。一匹十円の大安売りなら三十匹くらい買ってくればよいものを、どこかケチなところがある女なのだ。

うちでは以前にもグッピーを飼った事があり、その時は他の粗野《そや》な魚も一緒に飼ったためにグッピーは全滅した。今回はそんな事は繰り返すまい。この五

匹を繁殖させて、この水槽内を立派なグッピー帝国にすることが過去の死に絶えたグッピー達へのレクイエムになるであろう。

そんな私の気持ちが通じ、グッピーは次々と繁殖し始めた。グッピーという魚は、魚のくせに卵を産まず、メスの腹の中で卵がかえり稚魚の形で出産するという珍しい種類の魚である。だから水槽内の隅の方や水草の陰などに、小さい魚がウロウロと何匹も泳いでいる光景が目につくようになってきた。

稚魚が増えてくると家族内でもグッピーの人気は高まり、母や父もよく水槽をのぞくようになっていた。私は当然喜んでおり、必要以上にエサを与えては水を濁らせた。姉はグッピーを買って来た本人であるにもかかわらず、エサのイトミミズを気味悪がり、あまりグッピーの飼育に関心を示さなかった。彼女はグッピーをほんのたわむれの気持ちで購入してきたに違いない。恐らく友人達が買ったのを見て、自分も流行に乗ってつい五匹買ってきたというくらいなものであろう。そういう女なのだ。

グッピーの子供たちは、どんどん大きくなっていった。子供がまた子供を産

み、もはやどれが一番初めからいた親なのかすら分からなくなるほど立派に成長していった。

二年も経《た》つと、水槽はグッピーでいっぱいになった。私の望んでいたグッピー帝国が見事に設立されたのである。

しかし二年も経つと〝別にグッピーがどうした、それほど珍しいもんでもないじゃないか〟という風潮が家族内に蔓延《まんえん》してきた。エサも生きたイトミミズから、いつしか乾燥イトミミズに変わっていた。

最初からあまり関心のなかった姉などは、もうグッピーがいる事すら忘れている様子だ。あの水槽の中にいる百余匹の生命の事は忘れても、フケ取り用シャンプーの名前などは忘れない、という体《てい》たらくである。

一方私は姉よりは愛情があった。時折エサも与えたりしていた。だがめったに水槽の水を換えないため、水槽をどの角度から眺めても何がいるのか判別しかねる状態になっていた。本来熱帯魚というものは、室内のインテリアとして観賞すべきものであろうが、うちではその役割を全く果たしていなかった。部

屋の片隅で濁った水がブクブクと泡を立てているだけなのだ。グッピー達は何も悪くないのに、濁った水の中で文句も言えずに生息していたことは、今想えば胸が痛む。

だが、本当に胸が痛むのはこれからである。この事件は公表しようかしまいか迷ったが、自分の心の中では二年程前に時効ということにしてあるので今から書く事にする。

…冬になり、グッピーの水槽内の水の濁りは頂点に達していた。冬場は父も水を換えるのを面倒臭がりますます濁る一方という魔の季節である。

ある日、私は友人からレコードを一枚借りて帰宅した。このレコードというのも洋楽のロックか何かならカッコイイのだが、当時中学二年生であったにもかかわらず『野球狂の詩《うた》』というTVアニメのイメージアルバムであったところが情けない。

私はそのレコードを録音しようと思いたち、旧式のラジカセを引っぱり出してきた。旧式のラジカセと旧式のレコードプレーヤーであったため、今日《こんにち》のよ

うに直接ダビングできるという便利なシステムになっておらず、録音中は室内をできる限り静かに保たなければならないという非常にやっかいな作業であった。当然音質は最悪なのだが、音質の良《よ》し悪《あ》しなどというものにこだわる程ぜいたくを言える立場ではない。

　室内を静かにするために、私はグッピーの住む水槽の全ての電源を切った。酸素のブクブクという音も、水温を保つヒーターの微《かす》かな音も止んだ。録音する少しの間くらい大丈夫であろう。そう思って録音の作業に取りかかった。

　室内に『野球狂の詩《うた》』の曲が流れ、私は満足しながら息を潜めていた。ここで鼻息などが入ってしまったらせっかくの録音が台無しである。そのように苦労している最中、母が台所から「ごはんだよォ」と叫んだために録音は台無しになった。

　私は腹を立てながら録音をやり直した。そして「今度こそ大丈夫であろう」と思われるところで再び父が「おーい、ごはんだって言ってるだろ、きこえないかー、おーい」と叫んだために台無しになった。

私はとうとう怒り、「ごはんいらない。今録音してるから邪魔しないでちょうだい」と家族に言い放ち、また録音するために部屋に戻った。その心中は大いに荒れていた。

三度《みたび》室内に『野球狂の詩《うた》』が初めから流れる事になった。もう半分どうでも良くなっていたのだが、一応録音しておいた方が得であろう。そう思いながら息を潜めて録音が終了するまで待機していた。

三度目にしてやっと録音は終わった。手間ヒマがかかったので、終了した時には何とも言えずうれしかった。こんなに繰り返し聴いた『野球狂の詩《うた》』であるが、カセットテープに録音したものはどんな具合であるかもう一度聴いてみたくなり聴き始めた。四度も『野球狂の詩《うた》』を聴く私は『〃野球狂の詩《うた》〃狂』という〃狂^2〃の状態になっていた。

そのような一連の怒濤《どとう》の録音作業で時間が経過した場合、果たして誰がグッピーの事を覚えているであろうか。当然私は忘れていた。

一日経っても思い出さなかった。二日経っても思い出さなかった。三日経っ

ても思い出さなかった。四日経っても思い出さなかった。

五日目、やっと思い出した。思い出すと同時に、大変な事をしたのではあるまいか、という莫大《ばくだい》な深刻がドカンと心に衝撃を与えた。

私は転がるようにして水槽に近寄り、グッピーの安否を確認しようとしたが、水が濁っているため全然見えなかった。そもそも水が濁っていなければとっくに気がついていたはずである。濁っているから忘れてしまったのだ。

それでも見えない水槽の中を細心の注意を払って見つめ続けた。すると、隅の方にグッピーの死体が白い腹を向けて次々と重なっているのがうっすら確認されたのである。

全身の血の気が引いた。死んでいるグッピーの数は計り知れない。

この事件の犯人が私だという事が家族にバレたらどれだけ責められるであろうか。普段それほど可愛がっていなくても、こういう時ばかりは皆一様に厳しいのがうちの者達の性格だ。姉など、この時とばかりに私を責めるに違いない。

「私がせっかく買ってきて、それがこうして増えたのに、なんてことをしたの

だ。大バカ女めっ」くらいの事は言うであろう。母は恐らく〝生き物の命の重さ〟等について延々と説教した挙げ句に「あんたになんかペットを飼う資格がないよ。セキセイインコもブンチョウもみんな誰かにあげてきな」等と言って鳥カゴをよその家に持って行きかねない。

どれもこれも予想だが、とにかく家族に責められるのを恐れ、私はとりあえず水槽関係の電源を全て入れてみた。

ブクブクと酸素の泡が水をかき回してゆく。水槽の隅に重なっていた死体達は次々と浮いたり沈んだりし始めた。うろこを鈍《にぶ》く光らせながらユラリユラリと水槽内を巡回する限りない数のグッピーの死体の姿は、水の濁りも手伝って全員生き返ったかの如く絶妙な光景を造り出していた。少し見ただけではとても魚が死んでいるとは気づくまい。

これで私の電源入れ忘れの証拠は消えた。あとは家族の誰かが気づくのを待つだけである。

ところが待てど暮らせど家族の誰も気づかなかった。それ程までに水槽の水

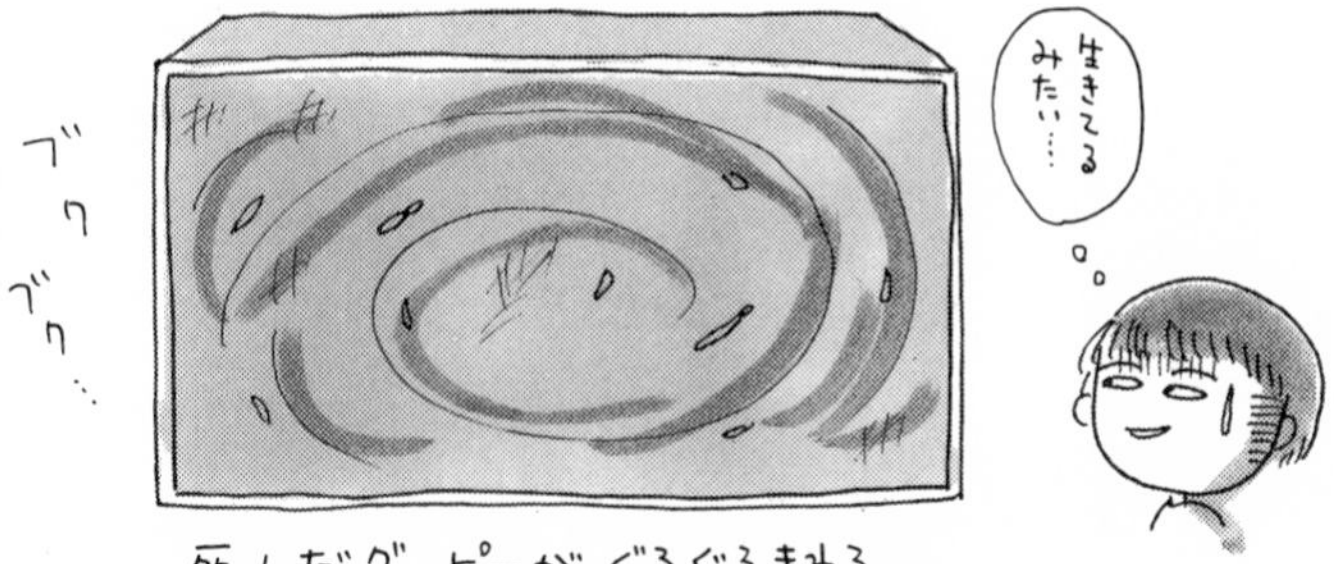

死んだグッピーが ぐるぐるまわる
汚ない水槽

は濁っており、時々キラリと光るグッピーの死体の動きは生きていると思わせるに充分な説得力があったのである。

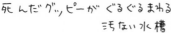

　いつまで経っても埒《らち》があかないので、仕方なく遂に私は第一発見者の役まで演じる事にした。何から何まで自分で仕組み、第一発見者の役まで自分で演じる事になろうとは、同じ経験をした者にしかこの情けなさはわかるまい。だが同じ経験をした事があるという馬鹿者に今まで出逢ったためしが無いので我が身独りで情けなさを嚙《か》みしめて今日に至っている。

　さて、第一発見者というものは、何はともあれ驚き慌てふためいた様子が肝心であ

る。私はそれを心得ているので、「あっ、おかあさん大変だ、グッピーがたくさん死んでいるよ」だか何だかというセリフをわざとらしく頓狂《とんきょう》な声でうまく叫び、まずは成功の手ごたえを得た。

まんまと母は驚きながらやって来た。そして「あっ本当だ」と言って急いで死体をタモですくいだしたのだが、すくってもすくっても死体はすくい切れない程さまよっていた。

「なんでこんなに死んじゃったんだろ」と言いながら母は死体をすくっていた。私はシラを切りとおし「病気だよ、病気。きっと白点病か何かの伝染病が流行《はや》ったんだよ」等と、『熱帯魚の飼い方』という本で覚えたばかりの魚の病名まで挙げ連ねて尤《もっと》もらしい事を言いまくった。

魚は全滅していた。おびただしい量の死体を、母はサボテンの植木鉢の中に入れていた。物干し場に置いてあるサボテンには、しばらくの間誰も近づこうとしなかった。

私は猛烈に反省していた。心の底からグッピー達に済まないという想いがい

つまでも続いていた。

サボテンはグッピーの死体が肥料になり、その年から毎年花をつけるようになった。『日本昔ばなし』等でよく「親孝行の村娘サヨが死んだその場所には、毎年夏になると赤い花が咲くようになったので、村の人達はその花を〝サヨの花〟と呼ぶようになったんじゃ」というような話が語られているが、まさにうちのサボテンは〝グッピーのサボテン〟と呼ばずにいられない。伝説というものは、このようにして出来てゆくのであろう。

サボテンの花が風で揺れる姿が、グッピーの泳ぐ姿と似ている気がして私の胸は人知れず毎年痛み続けたのである。

その水槽はしばらくの間ずっと空いていたが、数年後スズムシを飼うために再び使用される事になる。その時の模様を記した物が以前出版された愚本『ものかんづめ』に載っている〝スズムシ算〟というタイトルのアレである。それを記憶している方は、今回の話にややつながりを感じてもらえるはずであるが、特に何の参考にもならないであろう事をつけ加えてこの巻《まき》は終わる。

町に来たTVにでてる人

私が中学三年の時、近くのデパートで山田由紀子という人のサイン会が催される事になった。

山田由紀子という人は、当時資生堂のエクボミルキーローションだかという化粧品のCMにでていたタレントで、松田聖子の歌をバックに顔を洗うという役で出演していたのである。

私はクラスメイト二人を誘って、山田由紀子のサイン会に行く事にした。山田由紀子に関してそれほど熱烈なファンというわけでもなかったが、決して嫌いではなかった。何より、TVにでてる人を生で見れるという事に重大な意味があるのだ。

私達は自転車に乗って制服のまま会場に駆けつけた。会場といってもデパートの入口のところに簡易ステージが設けられているだけの、いかにも田舎調な

ものである。わざわざ東京から山田由紀子が来るのだから、もう少し立派なステージを造ってやれば良いものを文化祭で生徒が漫才するステージより地味な感じであった。

私達の他に、物好きな中学男が二〜三人うろついていた。それ以外に人気《ひとけ》はない。あと十分でサイン会が始まるというのに何という事であろう。

十分後、ひとりの男がステージの上に現れた。漫才師ふうのおどけた背広を着ており、マイクを持っている。どうやら司会者らしい。

いかに今から楽しい事が始まるかの口上を彼が始めると、道ゆく人は少しずつ足を止め、簡易ステージの前はだんだん盛り上がりを見せていた。こうならなくては山田由紀子に申し訳なさすぎる。みんな、もっともっと山田由紀子に会いに来るべきだ。

司会者の実力で、二十名ほど人が集まった。いよいよ山田由紀子が登場する時が来た。

ステージの上に山田由紀子が現れた。ＴＶで見るよりずっと大人っぽく美し

い女性であった。私は山田由紀子に都会を感じた。静岡にはこんな人はいない。なんてオシャレなんだろう。なんて垢抜《あかぬ》けているんだろう。私達とこの人は、本当に〝ヒト科ヒト属ヒト〟という同じ種類の生き物なのであろうか。

会場に集まった全員が、山田由紀子と一緒に写真撮影をしてもらえる事になった。一人ずつステージに上がり、ポラロイドカメラで撮ってもらうのである。

汚い中学男子達も次々とステージに上がり山田由紀子と並んでいた。彼らは永遠にこんなに美しい女性と並ぶ事はないであろう。腐ったジャガイモのような面《ツラ》を変に歪《ゆが》ませる中学男の隣で微笑《ほほえ》んでいる山田由紀子は天上界の女神だ。

やがて順番が巡《まわ》ってきて、とうとう私の番になった。私は山田由紀子と並んで写真を撮ることが、うれしくもあり嫌でもあった。彼女の横に並んだとたん、私もあの中学男達と同様に、腐ったジャガイモになるのだ。しかしこんな機会はめったにないから記念に一枚ぜひ欲しい。

あれこれ考えている暇もなく、自動的にステージの上に立たされた。私のすぐ隣に山田由紀子がいる。何かとてもいい匂いがしていた。これが都会の匂いなのか…と思っている間にカシャッとシャッターの音がし、撮影は終わった。私は山田由紀子に「…これからもがんばって下さい」と月並みな応援の言葉をつぶやくと、彼女は美しい声で「どうもありがとう」と言って握手

をしてくれた。その手の柔らかくしなやかだった事は印象深い。　指先まで我々とは違うのだ。

ステージを降り、私は握手した方の手の匂いを急いで嗅《か》いだ。ほんのりといい匂いがしている。さっき感じた都会の匂いがこうして自分の手の中に少し残っている事は喜びであった。

ポラロイド写真を受け取り、ドキドキしながら見てみると、そこには女神とモグラが写っていた。なんで私はこんなにモグラなのであろう。他の友人達の写真も大差なく、一人はカエルの様に写り、もう一人はウリの様に写っていた。

私達はうつむいて沈黙になった。お互いに慰める言葉も見つからなかった。ジャガイモ達の群れも沈黙して弱々しく佇《たたず》んでいる。彼らも己《おのれ》の真の姿を目《ま》のあたりにし、考えるところがあったのであろう。

都会の匂いをふりまいて、山田由紀子は蝶《ちょう》のように去っていった。会場に集まった人々は、おみやげとして山田由紀子のサイン色紙とエクボミルキーローションの試供品の入った紙袋をひとつずつ受け取った。この土産袋を配ってい

るのは先程の司会をやっていた男だった。

私は〝この男の人も東京じゃ有名な芸人さんなんだろうな〟と思い、この人のサインももらおうと決意した。

男に向かって「あの、サイン下さい」と言うと、男は「えっ、オ、オレのっ⁉」と絶叫し、「こんな事は今までの人生で二回目です。ありがとう、本当にありがとう」と涙ながらに喜びながらサインを書いてくれた。

その男からもらった色紙には〝金魚亭〟ナントカと書いてあり、落語家か何かだという事は判明したが、惜しむらくは名前がミミズのように書いてあるため読めなかった事である。

私は現在《いま》になってもまだ有名人に会う機会があるとサインをもらったり一緒に写真を撮ったりするのが好きだ。「おお、ＴＶにでてるあの人が今私の目の前にっ‼」というときめきを写真に収めて真空パックして保存するというのは趣深いものである。

こうして田舎心を引きずりながら、ＴＶにでてる人達と一緒に撮った写真が

大分たまってきたので、最近ではナカバヤシのフエルアルバムを『有名人アルバム』と名づけ、次々とマメに写真を納める事にした。先日、また写真が増えたのでフエルアルバムの台紙を増やして整理した。さすがに〝写真が増えても安心なフエルアルバム〟は重宝するなァ、と思いつつそのフレーズを私の心に刻み込んだ『新婚さんいらっしゃい』を思い出さずにはいられない。

独自の研究

ある日主人が「ちょっと指輪を貸してくれ」と言うので私は驚いた。

この人は私に指輪を買ってやろうと思っているのであろうか。いつだったか私が「結婚する前に、指輪をもらってみたかった。どんな安物でもいいから、指輪をもらうという事に意義があった。あなたが選んであなたの手から渡してくれる事に夢があった。そういう友人を見るとうらやましかったが、結婚してしまってからではもう意味はない」というような話をした際、主人は非常に悔いていた。そんな事はたやすい事であったのに、全く気がつかなかったと後悔していた。

まさかその事を思い出し、今さらながら私に指輪をやろうと…!?

私は急にこの人が可愛らしく思えてきた。そんな粋なプレゼントなら、妻に内緒でサイズを調べ、さりげなく渡して驚かせるくらいの洒落《しゃれ》た演出を考えれ

えっ やだっ
ほんと、いいよォ 指輪なんて 気にしないでよ
ハデにかんちがいする私

ばよいものを、こうやって直接「指輪を貸してくれ」と言ってしまう不器用なところが彼の朴訥《ぼくとつ》な良さなのだ。

　そのような想いで胸がいっぱいになった私は「もういいから、指輪なんて。その気持ちだけで充分だよ」と、〃いらない〃というジェスチャーまで加えて輝く笑顔を満面に浮かべた。

　それでも主人は「とにかく貸してくれ」と言い張るので、私もここはひとつ意地を張らずに渡すのが役目であろうと思い、彼の両親からいただいた結婚指輪を差し出した。

　主人はそれを無言で受け取ると、小さな

プラスチックケースに入れた。指輪にちょうど良い大きさの入れ物である。あんな物まで調達してきているとなると、もしかしたらもうどこかの宝石屋に注文してあるのかもしれない。私は何か申し訳なくなると共に、照れ臭いようなぎこちない気分になっていた。

独りで赤面してぎこちなくなっている私に向かって主人は「はい、このプラスチックケースをよく見て下さい。いいですか」と言い始めた。

私は「えっ!!」と思い、赤面の顔は平常に戻った。あの口調は彼が手品をやる時の口調だ。日常生活において急に〝ですます調〟になるのは例の手品の時以外に考えられない。

私は驚いたニワトリのように首を少し前に出してキョトンとしたままぼっ立っていた。宇宙の果てに放り出された様な気がした。

主人はそんな事には全く構わず手品を進めていった。何がどうなっているのだか知らないが主人は私の指輪を使って不思議な技の一部始終を見せ「ものすごく驚いただろ」と満足気に笑っていた。当然指輪はすぐ返された。手品が終

われば無用である。

私は先ほど自分が莫大《ばくだい》な期待を抱いていた事を恥じた。なんと愚かな人間であることよ。私があんなに期待してしまった事を、この夫は気がついたであろうか。どうか気がついていないでほしい。いつも通り、手品をするのを見ているだけの妻として、彼の目に映っていましたように……と、私は己《おのれ》の恥ずかしさの激情に押し流されていた。そんな私に向かって主人は「指輪、くれると思ったっけ?」と一番デリケートな部分をグサッと刺してきた。

私は恥隠しのため、居ても立ってもいられなくなり、ピョンピョン跳びはねながら「ちがうもんちがうもん」と絶叫し続けるしか為《な》す術《すべ》がなかった。

主人が手品や超魔術に凝《こ》り出したのは三年前からである。以来、彼が日常に手品を持ち込み披露するという光景は我が家ではありふれたものになった。唐突な〝ですます調〟が手品開始の合図である。

彼が手品を始めたばかりの頃は、たびたび私にタネを見破られ、そのたびにストレスがたまっていた様子であった。ある日遂に彼は本気で怒り、「タネを

見破ろうという心構えで手品を見るのは心がねじ曲がっている証拠だ。もっと素直に驚きを受け容《い》れろ。手品というものは〝驚き〟を与えてくれる娯楽なのだ。何とかしてタネを見破ってやろうなどという下卑た精神で観るものではない」と言い放った。

私は「なるほど」と感心し、それ以来特にタネを見破ろうという追求をやめた。そして「へーすごい」等という手頃な絶賛の方法を幾つか身につけ、彼の逆鱗《げきりん》に触れない観賞法を見出していった。

近頃では、本当に不思議だと感じる事もするようになってきた。三年も研究すると、何事もうまくなるものだと改めて思う。

そもそも彼が手品に興味を持ち始めたのは一人の少年がきっかけであった。まだ中学生だと言うその少年は、タバコを宙に浮かせたり、コインをあっちからこっちに移動させたり、考えられない様々な現象を次々と我々の目の前でやってのけた。

主人はいたく感動し、以来手品の研究をコツコツと地道にするようになった

のである。

どこで手に入れるのだか分からぬが、いつの間にか手品用品が部屋にゴロゴロ集まってきた。手品本も何冊か読破している様子である。

TVで〝マジック〟〝超魔術〟〝超能力〟と名のつく番組が放送されれば必ずチェックし独自に楽しんでいる。

このように、自分が興味を持ったものには惜しまずマメに努力をする姿勢は見習うべきところである。私もあの不思議な中学生を見た時には、多少手品に興味を持ったのだ。しかし三年経《た》った今でも手品に関しての知識は当時と全く変わっていない。

このままではあまり良くない。何も進歩のない女になってしまう。指輪などもらえるわけがない。

そう思い、私は習字を習うことにした。手品とは縁のない習字の世界で、自分なりに文字の研究を進めてゆこうと思っている。

まずは筆を買わなければ。

習字のおけいこ

さて、習字を習おうと決意した私は、良い先生にめぐりあえないものかと日々とりとめもなく探していた。

どうせなら、立派な先生に習いたいものである。全くの初心者だが、くだらない見栄《みえ》だけは人より三倍はあるのがやっかいな性分だ。

いろんな人に尋ねたが、この年でわざわざ習字を習っている友人などいない。たまたま、何を思ったか母が五十を過ぎてから急に習字を習い始め、その先生は良い先生であると聞いたが静岡なので遠すぎる。

折に触れては途方に暮れ、このまま良い師が見つからずにいたずらに年を取ってしまうのであろうかと思っていた矢先、ある雑誌で一人の女の先生が紹介されていた。

何と美しい先生であろうか。美しいと言ってもピチピチギャルや熟れ熟れの

熟女ではない。きれいに年を取っておられ、その格調が美しいのだ。

私はその先生の写真と書道に対する心意気が気に入り、この教室に習いに行こうと決めた。この先生は何やらとても活躍しているらしく、書道界では知る人ぞ知るという存在らしい。そして外人のジャパネスク通の間でも有名らしい。果たして全くの初心者の私など、門下生として入門させてくれるのであろうか。色々と心配になってきた。

もし入門を頼みに行って「あなた、どういうつもりでこの教室で学びたいと思いましたか」等という質問をされでもしたらどう答えるのがベストであろうか。「夫の手品に対抗して」等とは口が腐っても言えまい。

考えた末、「私は書というものの中に、一瞬の〝無〟を見つけ出し、気付きの中で生きてゆくという禅の心を自分なりに感じたいのです」という、大変ベストな解答をついに捏造《ねつぞう》しあげた。

さあこれで、「あなた、どういうつもりで」が来ても怖くないぞ、立派に答えるから、ぜひ尋ねてほしい、とまで思い始め、居ても立ってもいられなくな

りこの教室に電話をかけることにした。

電話帳を調べまくったがこの教室の名まえが出ていない。果たしてこれはどうした事か。私は半分絶望しかかっていた。手がかりは、教室の名まえと先生の名まえしかないのだ。

私はハッとした。まさかと思うが、先生の名まえの方で載っているのではあるまいか。

急いでタウンページの〝書道家〟の欄を調べてみる。あった。「これだこれだ」と喜びまくり、早速受話器を手にとった。

手にとったはいいが、久しぶりに緊張している自分に気がついた。何しろ先生の名まえで載っている番号に電話するとなると、いきなり先生が出ることも充分考えられる。

私は受話器を持ったまま先ほど思いついた例の回答を頭の中でもう一度練習した。

ふるえる指でボタンを押し、相手が出るのを待った。ベルは五回目ぐらいで

途切れ、「はい、どちら様ですか」という高齢な女性の声が聞こえてきた。

〝わっ、やっぱり先生本人が出た……!!〟私はまたたく間に動揺し始めた。先生はどうやら電話口まで走って来たらしく、ゼーゼーと息が苦しそうであった。

私は緊張のあまり変な声になりつつ「あの、ワタクシ、このたび、先生の門下に入門し、そこで書を学びたいと志しておる者でございます」等と山伏《やまぶし》ふうに弟子入り願望を告げてしまった。

私が山伏ふうな発言をしている間に先生の呼吸も整い、「あらまあそうですか、それじゃ案内書を送りますから」と優しい返事が返ってきた。

案内書を送ってもらうという事のみで電話は終わった。「あなた、どういうつもりでこの教室に?」という質問はされなかったなあ…としみじみ思い、久々の緊張の後の疲労感がうっすらと心地良く広がっていった。

しかし油断は禁物である。案内書を手に入れる事ぐらい小学生でもできるのだ。もし案内書が「入門試験の案内」だった場合どうすべきか考えなくてはならない。

私は架空の入門試験についてしばし考え込んだ。「あなたの好きな文字を筆で書き、どうしてその文字が好きなのかその理由を書き添えよ」という問題が仮に出たとしよう。そしたら何という文字を書くべきか。

私は自らが生み出した架空の問題でかなりの時間を使ってしまった。そして〝空〟という文字を一文字《ひともじ》書き、その横に「私はこの字が好きです。空は〝そら〟ではなく〝くう〟あるいは〝スーニャ〟*と読みます。一文字で全宇宙を示すこの文字は素晴らしい」等と誰に頼まれたわけでもないのに〝空〟という字を絶賛し、筆を取り出して半紙に〝空〟の練習を始めた。

これで入門試験があっても大丈夫だ。さあ案内書よ、いつでも来るがよい、と待ち構えているところに案内書は届けられた。

鼻息を荒げながら封筒を破り中身を開くとそこには月謝額他おけいこの日取りと教室までの道案内が記されており、どこにも入門試験案内等は書かれていなかった。私が練習した〝空〟は心の中で行き場をなくし、早まって勝手に入

＊梵語《ぼんご》で「無」を意味する。

試問題まで作成し解答した愚行を一人で恥じた。

そうこうしているうちにおけいこの日はやってきた。朝からはりきっていた私は、指定された時刻になると尻に火をつけられた兎《うさぎ》のような速さで習字教室に向かって走って行った。

今日は私の新しい人生の第一歩なのだ。おけいこに通えば新しい友人ができるかもしれない。おけいことといえば〝あんみつ〟だ。あんみつを、おけいこの帰りに一緒に食べる友人ができる事こそおけいこの最大の意義がある。そう思うとうれしくなり、教室に着くなり必要以上の力で思いきりドアを開けた。

…しかし教室には誰もおらず、私の開けたドアの音だけが空しく響き渡るだけであった。

「あれ?」けげんな面持ちの私に、奥の方から師範らしき女性が現れ、「初めての方?」と声をかけてきてくれた。私はホッとし初心者である事も告げると、テキパキと入門の手続きを取ってくれ基本練習のお手本を手渡してくれた。

私が席に着いて練習を始めても他に誰も来る気配がない。「……おかしい

……あんみつの友人が……」等と様々な雑念が蠢《うごめ》き、基本の『永』という字がヒョロヒョロと歪《ゆが》んだ。

私はフト、ある事に気がついた。今日は皇太子と婚約者の小和田雅子さんとの初のツーショット記者会見生中継の日であった。こともあろうにその真っ只《ただ》中《なか》に来たって誰も来るはずがない。私だって観たかったのである。師範の女性も「今日はみんなTVを観てるんでしょうねェ」と苦笑している。この人だって観たいかもしれないが、こうして私がノコノコ来てしまったからには席をはずす訳にも行くまい。『永』という一《ひと》文字が『後悔』の二文字に見えてきた。せめて今日の夕方にすればよかったのだ……。私ときたらもう、とんだズッコケ野郎のこんこんちきである。

ひたすら『永』を練習し、夕方になった。最後にいよいよ先生のところに見せに行ってマルをつけてもらったりするのだ。

そんな折、一人の初々《ういうい》しい少女がやってきた。少し古い言い回しをすれば『フレッシュさん』と言ったところか。そのフレッシュさんは、今日は入門の

後悔しながら「永」という字をかく図

申し込みにだけ来たらしいが私と一緒に先生にあいさつに行くことになった。

師範の女性に連れられて、私とフレッシュさんは先生のいらっしゃる部屋へ案内された。

またも緊張が高まり「失礼します」と言う声も上ずった。先生は扉の向こうから「どうぞいらっしゃい」とおっしゃり、私とフレッシュさんはぎこちなく扉を開けて中に入って行った。

先生は写真で拝見した通り、格調高く美しかった。鳥に例えたらトキといったところである。だからといって〝おトキ婆さん〟というイメージではない。

先生は私の書いた『永』の字を細かく添削して下さり、お手本も一枚書いて下さった。そして「あなたはまだお若いのですから、どんどん上達していきますよ。がんばってね」と優しい御言葉をかけて下さり、私のうれし心をくすぐったのである。

部屋を出て、帰り際に私はフレッシュさんを〝あんみつ〟に誘うべきか否か迷ったが、何しろ〝フレッシュ〟な人であったため、私がもたもたしている間に「それでは、さようなら」と爽《さわ》やかに自転車に乗って去ってしまった。

残された私はトボトボ歩きながら、「まあ今日は第一日目だからな」と思い、風に吹かれて家路についたのである。非常に寒かった。

消えたドーナツ

先日、久しぶりにミスタードーナツでドーナツを買った。本当に久しぶりである。

私の姉は十年ほど前、彼女がまだ短大生の頃ミスタードーナツでバイトをしており、毎日のように私と母はドーナツを食べていたため、いくらおいしくても当分食べる気がしなかったのである。当時の姉は風呂に入っても何となくドーナツの匂いが体に染《し》み込んでおり、彼女のそばへ寄るのもうんざりする程だったのだ。

そんな事情もあり、私は自ら進んでドーナツを買う事はめったになかったのだが、その日無性《むしょう》に食べたくなり、主人と一緒にドーナツのショーケースの前に立っていた。

色々な種類のドーナツが並んでいる。色々あると色々食べてみたくなり、私

も主人も欲望の赴くままにあれもこれもと注文をした。誰も止める者がいなかったので、ずい分沢山買ってしまった。でもいいのだ。今夜食べきれなかったら明日食べればよい。

……やはり一晩では食べきれず、ドーナツは四個ほど明日にもち越される事になった。

昨日の食品が翌日まで残っているというのはまた一興である。「あっ、アレ残っててんだ」と思い出した時の軽いときめきは手頃な幸福感が得られて良い。私と主人は同時に昨日のドーナツを思い出し、「残しておくのは良い事だ」などと言い合いながらミスタードーナツの箱を開けた。

開けてみると、昨日四個残したはずのドーナツが二個しかない。おかしい。「さてはアンタ、食べたね」と私が言うと主人は「食べてない。絶対に食べてない」と言い張り、今度は私の方を疑ってきた。だが私も食べた覚えはない。

私達は昨晩の経過をさかのぼって考えてみた。「私は昨日はオールドファッション（ドーナツ名）を残す事にしたよねェ？　私が残しておいたの見たでし

ょ?」と言うと主人は「うん、見た。オールドファッションは残っていた。それでボクは、グラタンドーナツとこの砂糖のやつと、このちっこいのを残したんだよねェ?　それ、見たでしょ?」と言うので私も「うん、見た」と答えた。残した四個中、一個だけが私のもので、あとの三個は主人のものだったのだ。主人の方ではグラタンドーナツが無くなっていた。だが彼にはあと二個ある。四分の一の確率なのに私のオールドファッションも無くなっているのがなんとも口惜《くや》しい。

私達は非常に悩んだ。どうして無いのだろう。私は「ひょっとして」と叫び、「うちの母が午前中にそうじに来た時にとって食べたのかもしれない」と言った。まさかとは思うが、もしやという事も充分あり得る。

私は急いで確認の電話をかけた。視界の隅で主人が無くならなかった二個のドーナツを食べているのが見えてうらやましい。

母が電話にでた。私はもう母が犯人だと半ば決めつけていたので「ちょっと、うちのドーナツ食べたでしょっ」と声を荒らげて言ってしまった。しかし母は

「え、そんなの食べるわけないじゃん」とあっさり答えたので私は拍子抜けし、急に優しくなり「そうだよねェ、お母さんが食べるわきゃないよねェ」と言って無意味に笑ったりするより他なかった。

さて、母も犯人ではないとすると、これはいよいよわけがわからない出来事である。泥棒が入ったとしたら、ミスタードーナツのオールドファッションとグラタンドーナツだけで満足するとは思えない。

空飛ぶ円盤がドーナツミューティレーションなるものをしでかし、うちのドーナツを二個取って研究に使ったのであろうか。それとも私か主人のどっちかが夢遊病で夜中に起きて食べたのに記憶がないのであろうか。

無くなったのがドーナツ二個だけで、それ以外は全く何とも被害がないから手がかりが得られない。警察に言うほどのことではないが、真剣に考え始めると気味が悪くて仕方ない。

あまりの気味の悪さに、もう真剣に考えるのはやめようという事になった。主人と私は「我が家にオバケのQ太郎のような食いしん坊で愉快なものがいるのだ。きっとそうだ。おもしろいねえ」という結論に達し、とうとう笑う事でこの話は終わった。私はQ太郎よりどちらかと言えばドラえもんの方がいてほしいと思っているのだが。

小杉のばばあ

私が幼い頃、近所に〝小杉のばばあ〟と呼ばれ恐れられている人物がいた。

小杉のばばあの形相はひと目でお人好しでない事を物語っていた。鬼の面《めん》の方がまだ優しそうな顔をしている。瓦《かわら》せんべいに何かの手違いで目鼻がついたような顔である。その低く幅の広い鼻は地球の空気を無駄に多く吸引し、牛の生血をすすっていそうな口からはガアガアと下品な声を大きく響かせ、さして大きくない目からは射すような眼光を放って相手を威嚇し、短く太い足でドシドシと地面を踏みつけながら生きていたのである。

小杉のばばあの家は私の家の裏にあった。ほっ立て小屋ふうのワイルドな平《ひら》屋《や》である。家の周りが狭い庭になっていて、木や草花が植えてあった。母の話では近所の婦人がうっかりそこの花を摘んでしまった際、ばばあが烈火の如く怒りながらカサを振り回して散々追いかけてきたそうだ。更にその人は大人の

くせにばばあにこてんぱんに叱《しか》られて泣いたというエピソードまで語られていた。母は「…だから決して小杉のばあさんの家に近づいちゃいけないよ。いいね」と強く念を押していた。

どこの家の子供も親から小杉のばばあについての注意をきいていたので、皆かなり警戒していた。

そんなある日、小杉のばばあの本当の恐ろしさを知らぬ子供が大それた事をしでかし、血祭りにあげられたという情報が入った。

噂《うわさ》によればその子供はばばあの庭

に入ってばばあを挑発し、逃げようとしたところを捕まったらしい。その先の拷問はどのようにされたか詳細はわからぬが、平手の一発や二発では済まなかったはずである。なにしろ、泣きわめく子供の耳を引っぱりながら親の家へ殴り込みに行き、親子そろって土下座させられたと伝えられている。しかもその子供の母親が前述のカサで追っかけ回されて泣かされた人物であったため、噂のついでに「このまえは親の方だったよね」と必ず母子そろって話題にのぼる有様であった。

数々の恐怖の逸話を生み出しながら小杉のばばあは益々血気盛んに生きていた。年をとれば人間円《まる》くなる等というたわごとは全く通用しない存在である。

ある朝、小杉のばばあの家が火事になるという大惨事が勃発した。

我が家の裏手からものすごい煙が立ち上り、呑気《のんき》な父ヒロシが「小杉のばばあの家が火事だ火事だ」と言ってやや楽しそうに見物しに行こうとしていたので私もついて行く事にした。

今度ばかりは小杉のばばあも少しは反省してションボリしているのではない

か。私の頭の中には〝ションボリした小杉のばばあの図〟というギャグタッチのイラストが浮かんでいた。

しかし小杉のばばあは強かった。家の前で仁王《におう》立ちになりバケツを抱え、消防隊ややじうまに向かってバケツの水をブッかけながら「わたしゃ焚《た》き火をしていたんだ。よくも火を消したなっ」と怒鳴りながら暴れていた。

私は子供ながらに衝撃を受けた。ここまで全てを敵に回し、一人で暴れる人生というものを非常に珍しく思い、ある意味で感心したのである。

火事の一件以来、より一層近所の人々は小杉のばばあを避けるようになった。少なくとも子供達は以前よりももっと注意を払うようになった。

勿論《もちろん》、当時小学二年だった私も注意を払っていたが、ある日の夕方たまたま小杉のばばあの庭先におしろい花が咲いていたのでどうしてもそれが欲しくなり、二〜三個摘んでしまった。

おしろい花というのはラッパのような形をしており、おしべやめしべを取り除いて口にくわえて吹くと「プー」という音が鳴るのだ。

それをやりたくて花を取った。充分警戒していたつもりだが、パッと顔を上げたところに小杉のばばあが立ってこちらを見ているのを発見した。一瞬にして私の周りの風景全てが凍りついた。

私の体内の鼓動も、木々のざわめきも、雲の流れも、地球の自転も止まっていた。私は息をするのも忘れ、小杉のばあさんと目が合ったまま硬直していた。

ばばあは「あんた、何してる」と低い声で尋ねてきた。私は手の中のおしろい花をバラバラと落としながら「…花を…花を…」と小さい声で震えながら答えた。

ばばあが私に近づいてきた。もう何もかも終わりだ。私はカサで突っつき回されて逃げまどい、平手を何発も受け、耳を引っぱられながら泣きわめいて家に連れて行かれるのだ。

立ちすくんでいる私のすぐ前まで小杉のばばあはやって来た。そして地の底からうめくような声で「あんた、花が好きかね」と再び私に尋ねてきた。

私はゆっくりうなずいた。もう声が出なかったのである。

小杉のばばあは着物の袖からハサミを取り出し「それじゃこの花の枝をあんたに一本やるから、あんたの家の庭にさしておきな。そうすりゃ根が出て大きくなるよ」と言って、微笑《ほほえ》みながら私におしろい花の枝を一本手渡してくれたのであった。

小杉のばばあが微笑んでいる……!! この人にも仏性《ぶっしょう》がある事が確かな手ごたえで伝わってきた。カンダタに助けられた蜘蛛《くも》のような心境である。私がオシャカ様だったら小杉のばばあの今日の出来事を憶《おぼ》えていて地獄から出るチャンスをあげられるのになあ…と、小杉のばばあが地獄に落ちる事を勝手に予想し気の毒がった。

私が小杉のばばあに花をもらって帰ってきた事は、家族の者達にも衝撃を与えた。そんな事はあり得ない事なのだ。小杉のばばあから物をもらうなんて、死んだ人が生き返るよりも難しい事なのだ。

父ヒロシは「小杉のばばあのニセモノだったんじゃないか」と言っていた。母は私が無事で帰ってきた事を心から喜んでいた。

私は、せっかく小杉のばばあがくれた花を枯らしてはいけないと思い、すぐに庭の土に枝をさした。

おしろい花は大きくなり、たくさん花が咲くようになった。小杉のばばあはそれから何年も例のほっ立て小屋に住んでいたが、私が高校一年の頃、ポックリ死んでしまった。

誰からも惜しまれずに死んでいった小杉のばばあだが、私はおしろい花を見ると必ず思い出すのである。

写真

私は次女なので、幼い頃の写真というのがあまりない。姉は初めての子というだけで親が舞い上がり、意味もなく撮った写真が数多くあり、私の写真はアルバム一冊にも満たないのに対し彼女はぶ厚いアルバム三冊以上持っている。そのうえアルバムに入りきらなかったものをアルバムのポケットにまで入れ、ガサガサと有難みもなく所有しているのだ。

姉のアルバムの中には大きく引き伸ばした写真もあり、母の話ではそれは近所のカメラ好きなおじさんに撮ってもらったものだそうだ。なぜ私もそのおじさんに撮ってもらわなかったのかときけば、「そのおじさん、あんたが生まれた時には死んじゃってたのよ」という返事である。おじさんよ、簡単に死なないでくれ…と思いつつ、じゃあそのおじさんのかわりに家の者が誰か撮ってくれればよかったではないかと私は家族の全てを恨んだ。

私のアルバムはといえば、産まれた時に母のおっぱいを飲んでる写真が一〜二枚あり、その次は急に七五三のお祝いのものになっている。0歳から三歳になるまでの三年間、私の成長の記録はそんなにもどうでも良いものであったのか。

当然姉の方は生まれた日から三歳になるまでの間、しつこい程に細かく写真に記録されている。泣いて笑ってケンカして、にくいよコノォ、ど根性ガエルである。どっこい生きてるシャツの中という感じがする。大変うらやましい。

おまけに姉は、私の写真の過半数のものに一緒に登場している。口絵の七五三の写真を見ていただければおわかりの様に、私の三歳のお祝いなのに、姉もちゃっかり一緒に写っているのだ。用もないのに着物まで着ている。どういうつもりであろう。一人前にすましているふうな様子が鼻につく。その反面、私の無垢《むく》な表情を見ていただきたい。親が「まる子」とつい呼びたくなるほど丸くて子供らしいではないか。

せっかく写真屋まで行って撮ってもらったのに、姉のせいで主役がどっちだ

かわからなくなった。三歳になった甲斐《かい》がない。

母が一緒に写っているという写真もろくなものがない。幼稚園の遠足に行った時の写真など、バスに酔った母が亡霊のように白目を剝《む》いて恨めし気に私の横で佇《たたず》んでいたりする。とてもアルバムに貼《は》る気がしない。当時の母はどの写真も疲れた顔をしており、商売屋に嫁《とつ》いだ嫁の苦労を物語っている。

一方、父ヒロシの写真はバカバカしい。町内会の旅行に参加した時の写真か、ツリに行った時の写真しかないのだ。ずいぶん若い頃の写真を見ても、町内会の旅行かツリである。私が生まれて成長して、父と一緒に撮った写真も町内会の旅行かツリである。

彼の人生の記録は町内会の旅行かツリしか残されていないのだ。彼にとって町内会の旅行とツリは、人生の中のどの記念日よりも重要な事だったらしい。

私の小学校から短大までの写真というものはほとんどない。遠足や修学旅行の時に誰かが撮ったものをたまにもらったものが数枚あるだけで、家族が撮ったものはない。そもそも私は写真があまり好きではなく、どうせカメラの前で

ひきつった変な顔が記録されるだけであるから、そんなものは必要ないと思っていたのだ。

高校を卒業する時に母が「あんた、セーラー服なんてもう着る事がないんだから、写真屋さんに行って撮ってきなさい」と珍しく記念撮影を勧めてくれたのだが、面倒臭くてとうとう写真屋に行かなかった。今思えば撮っておけばよかったと思う。

成人式の時も私は「着物なんか着なくてもよい。成人式なんてただの風習じゃないか。私は風習なんかに振りまわされて生きるのはまっぴらだ。大人になる日なんて、画一的に決められるものではない。成長したと感じる経験が各々の中で積み重なって、ある日ふと自分が大人になったなァと思うものだ。私にとって成人式なんて意味はない」と言い張り、母の涙ながらの「着物姿を見たいよ」という訴えをつっぱねたのであった。まさしく若気の至りというべきであろう。成人式の着物くらい、親のために着てやればよかった。それで写真の一枚も撮れば、親も喜び円《まる》く収まり万歳三唱というものだ。

私の結婚式の日
父ヒロシ 親せき紹介にて悪夢の瞬間の写真

こうして自ら記念の記録を残さなかった私は、今やや後悔している。もうセーラー服も振り袖も着れない。

結婚式の時の写真は一応撮ってもらったが、アルバムを開くたびに父ヒロシが親戚《しんせき》紹介の際に窮地に立たされて顔色を失っている写真が現れ、非常にやるせない気持ちになる。彼が親類縁者の名前をことごとく忘れ、仁《に》

王《おう》立ちになり阿呆面《あほうづら》をしている周りで、我々が仕方なくひきつり笑いを浮かべているという写真など、何回も見たいものではない。

おまけに私の夫は、結婚式の前に理髪店に行く暇がなかったため、式の前夜に私が慌てて散髪をし、甚《はなは》だ素人くさい髪型になってしまった。夫はその事を今でも悔いている。夫が悔いるのもよくわかる。これが自分の事であったら、私も長い間悔いるであろう。しかし、理髪店に行きそびれた者が悪いのだ。

さて、このように写真に縁の薄かった私も、去年の暮れに篠山紀信先生に撮ってもらえるという、今世紀最大の写真運に恵まれた。

母は〝篠山紀信〟と聞き、「アンタまさか、ヌードになるんじゃないでしょうねェ」と早まってうろたえたが、私がヌードになったら篠山紀信は写真を撮らないであろう。そのうえ夫からは離縁され、世間からは笑い者になり、漫画もエッセイも一冊も売れなくなり、私は自分のみっともない体をさらした事を猛烈に悔やみながら、日本を離れてヒマラヤか何処《どこ》かの辺境の地で寂しい一生を送る事になるのだ。そんな事は自分でよくわかっている。ヌードは美しい人

にまかせておけばよいのだ。

私が撮ってもらうのは着物姿であった。篠山紀信先生は撮影の間ずっと私の緊張をほぐす事に気を配って下さり、私はいたく感動したのである。篠山紀信先生の写真が素晴らしいのは、きめの細かい優しいお人柄と技のたまものであったのだ。

この写真は昨年暮れに、〝週刊SPA《スパ》!〟という雑誌に掲載されたのだが、親類・知人からの評判は大変によく「篠山紀信が撮るとやっぱり違うねェ」と皆一様に篠山先生の技を誉《ほ》め称《たた》えた。被写体に対する感想はほとんど聞かれなかった。

後日、その時の写真を篠山先生が送って下さった。写真の下に、篠山先生のサインが入っている。篠山先生の撮った写真は、めったにいただけないものらしいのだが、後日私が「先生のサイン入りでいただけたら幸せ」と言ったたたわごとを、おぼえていて下さったのだ。私は跳び上がって喜び、すぐに額を買いに行き写真を居間に飾った。

うちに訪れる人々が「どうしてわざわざ自分の着物姿の写真を撮って部屋に飾ることにしたのか？」といぶかし気に問うので、私はそのたびに「それは篠山紀信さんに撮ってもらった写真で…」と、相手が納得するまでいちいち説明しなければならないのである。

マッサージ師

美容院で洗髪してもらうのと、全身のコリをマッサージしてもらう時間というのが私にとって一番好きな瞬間である。洗髪もマッサージも甲乙つけ難い程良い。これらの時間にかなう程の有意義な時間はめったにない。

今の私の望みといえば、いつ何時《なんどき》でも洗髪してくれてマッサージをしてくれる優しいおばさんが私の部屋に常駐してくれる事である。

その人は私がオナラをしようと鼻クソをほじろうと、決して笑ったりバカにしたりせず忠実にそして誠実に洗髪とマッサージを行ってくれる様な人でなくてはならない。そんな人がいてくれる生活が、今のところ私の夢だ。少女の頃のように寝ボケた恋の夢をみている場合ではない。年をとったものだと実感している。

私は五年ほど前からよくマッサージをしてもらうようになり、これまでに実

にいろいろなマッサージ師に出逢ってきた。

マッサージ師にもアタリハズレがあり、常に良い目に逢えるかといえばそうでもない。

ハズレにあたってしまうと「……う〰〰ん、ハズレてしまった……そこは骨だよ、痛いだけだよ」等と延々心の中で違う違うと叫びながら時間は過ぎていってしまう。誠に無念な想いを噛《か》みしめる事になるのだ。

一方アタリの人に出逢った時は「そうっ、そこっ、そこだよアンタ、どうして他人の体のことがそんなによくわかるわけ？　うまいっ、たいしたもんだっ。立派だよ、立派」等と心の中は絶賛の嵐《あらし》となり、終了してから「あの、お名前教えて下さい。次から指名させていただきます」と言って帰り際のマッサージ師さんの腕をつかんで放さないという事になる。今までに私は三人程の腕をつかみ、名刺まで手に入れた事もある。そういうふうに積極的にマッサージ師にアプローチしなければ本物のマッサージ好きとはいえまい。

マッサージ師の皆さんは、実にいろいろな話をきかせてくれる。ある老婆か

らは「アンタ神経痛だね」と生まれて初めて言われショックを受けた。老婆の話によれば、若い人でも神経痛はあるのだという。治療法としてはとにかく温める事が肝心だそうで、老婆は自らの足も神経痛だと言い、突然スカートやらズロースやらをまくりあげ、足にはってある温湿布を私の目の前にさらけ出したのである。驚いた驚いた。

またあるマッサージ師のおばさんは、私をひと目見るなり「うちの娘に似ている」と言い出し、マッサージをする間《あいだ》中《じゅう》ずっと娘の話をしていた。おばさんは、娘に彼氏がいない事をとても心配している様であった。私に似ているという娘に彼氏がいない事をきかされた私は首筋を揉《も》まれながら少しやるせない気分になった。

このようにマッサージの機会を重ねてゆくうちに、私はマッサージ師の技術を相当盗んで自分のものにしているのではないかという気がしてきた。

とりあえず、毎日うちに来ているアシスタントの関《せき》さんの肩を揉んでみる。関さんは「よくツボを心得た人の揉みです」と感想を語っていた。

マッサージときいて瞬間的に
倒れ伏した夫。

やはり私は知らず知らずのうちにマッサージ師の技術をモノにしていたのだ。そう思うと腕がうずき、今度は全身マッサージを試してみたくなってきた。

手軽な素材として夫がウロウロしていたので早速捕まえ、「今からマッサージをしてやろう」と恩きせがましく言ってやった。こういう時に恩をきせておく方が何かと得なのだ。

私に負けずマッサージされるのが好きな夫は何も知らずに「ホント〜!?」と言ってうれし

がり、瞬間的に床に伏していた。

私は本格的に枕《まくら》を配置し、手ぬぐいを取り出して今まで独学で得た技術の全てを駆使し夫の体を揉んでいった。首筋のほぐしから始まり頭、肩、腕、背中、足まで、順番通りに進んでゆき、片面が終わると夫をひっくり返してもう片面に進む。

終わった。私の全ての技術の披露はひと通り終わった。何ともいえぬ満足感があった。夫は「うまいっ」と言い、これから毎日やってくれと調子に乗っていたが断った。私は自分の実力を試してみたかっただけなのだ。

その後、母、姉、いとこに試してみたが、皆一様に「プロ並みだ」と言って絶賛するので、私はマッサージ師の資格を取るべきかどうか、本気で考え始めた。

そんなある日、私はマッサージをしてもらいながら、マッサージ師さんに「あの、つかぬことをお尋ねしますが、マッサージ師の資格というものはどうやって取るのでしょうか」と遂にマッサージの免許獲得の核心に迫った。

マッサージ師さんは「意外と大変なのよ、まずマッサージの学校に通ってね、それから試験を受けるの。筆記試験もあるし、実技試験もあるのよ」と語った。

私はマッサージ師になることを諦《あきら》めた。今さら学校に通う気力は無い。筆記試験もこりごりだ。やはり独学で少しばかり技を身につけても所詮《しょせん》素人。それで食って行けるというものではないのだ。

それにしても、皆があれほど絶賛してくれた私の腕前というものを、私自身が体験できないのが残念で仕方ない。どんなものだか、一度でいいから味わってみたい。

怠け者の日々

『三年寝太郎』は怠けていた日々が三年であったからまだよい。私は十七歳まで怠けていた。寝てこそいなかったが、起きて怠けていた分、ちらかしたりしたので寝太郎の方がまだましであった。

生まれた時から十七年間、親の手伝いなどした事がなかった。小学校を卒業するまでの十余年間、外で遊び狂い家に帰る頃には泥人形のようになっていた。家に帰れば御飯を食べて眠るだけである。

小学生のうちはまだそれでも仕方ないと許されていた。子供は遊ぶものなのだ。しかし、中学校に入学したとたん母はうるさくなってきた。

寝ころんでマンガを読みふけっている私にむかって「あんたねぇ、女の子なんだから、ちょっとはお母さんの仕事手伝ってちょうだい」と言うのだ。それを一日に三回から五回言う。

また、「勉強をしなさい」とも盛んに言っていた。しかし私は手伝いも勉強もせず、毎日のんべんだらりと過ごし続けていたのだ。

当時の私はTVといえば『ラブ・アタック』やら『パンチDEデート』等の大学生を中心とした若者達の恋愛ゲーム番組を実によく観ていた。あの手の番組は全て観ていたように思う。今思えば、見ず知らずの若者の恋の行方がどうであろうと知ったこっちゃないのだが、当時は番組中にできた即席カップル達に本気で「幸せになってほしい」等と熱い拍手を真剣に贈っていたものである。

この恋愛番組にあてた時間だけでも相当ムダであった。友人知人に尋ねてみても、私ほどあの手の番組を観ていたという者は一人もいない。なぜあんなにも観てしまったのであろう。もちろん、あの手の番組を観ていたおかげで役に立った事など別に一度もない。

私が他人の恋の成りゆきを見物している間、友人の一人はYMOやビートルズに凝《こ》っていた。彼女の欲しい物といえばシンセサイザーで、「おしゃべりオウムが一羽ほしい」等とわけのわからぬ物を欲しがっている私とは全く違って

いた。

彼女がなぜ私と仲良くしてくれたのかはわからぬが、毎日一緒に帰っていた。そのうえ彼女は『ガロ』という渋い漫画雑誌や『宝島』等のサブ・カルチャー雑誌を貸してくれたりして、ずいぶんお世話になったものである。

家に帰っては彼女から借りた本や、自分で買った漫画本を読むか、恋愛ゲーム番組を観ているだけの毎日であった。

ノートには漫画の練習をした跡だけが残り、問題集には手アカすらついていなかった。

母は怒っていた。私の顔を見るたびに「将来バカになっておわりだよ」という恐ろしいセリフを吐いていた。

将来バカになっておわると言われてもまだ私は愚行を繰り返していた。そのころ『ドカベン』という水島新司先生による野球漫画が流行《はや》っており、私はその漫画にでてくる里中君という少年に熱を上げていたのだ。

結婚するなら里中君以外に考えられないとまで思い詰めた私は、持ち金の全

ドカベンの里中君。みないで描けるようになった。

てを『ドカベン』につぎ込んでいった。何しろ四十巻以上という大長編漫画であったため、揃《そろ》えるのにお金がかかるのである。

　ドカベンを買うために古本屋へ本を売りに行く日が続いた。本棚の本は減り、次々と『ドカベン』が並べられていった。そして遂に売る本がなくなり、名作『ベルサイユのばら』全十巻にまで手をつける日がやってきた。

　この『ベルサイユのばら』は、親戚《しんせき》のおばさんが「漫画だけど役に立つから」と言ってくれた物で

ある。しかし里中君にはかえられない。

私は『ベルサイユのばら』全十巻を抱えて古本屋に直行した。『ベルサイユのばら』は一冊五〇円で引き取られ、合計五〇〇円の利益になった。その五〇〇円を握りしめ、その足で『ドカベン』の新品三二〇円を一冊購入しに行ったのである。

ベルサイユ十冊がドカベン一冊に変わっている事に気付いた母はカンカンに怒った。

「バカッ、なんであんなにいい本を売っちゃったのっ。あんたは正真正銘の大バカだ。もういい加減でドカベンはおよしっ」と怒鳴り、眩暈《めまい》を催して床に伏してしまった。

それでも私は反省など全くせず、これでいいのだと固く信じていた。ドカベンが全てである。母は怒っていればよいのだ。

毎晩TVと漫画で遅くまで起きているため、近所の人は私が勉強をしていると思っていたらしい。中学生の部屋から灯が漏れていればそう思うのも当然で

ある。母はそれを大変気にし始め「頼むから勉強してるんでもないのに夜遅くまで電灯をつけているのはやめてちょうだいよ、あたしゃ近所にみっともないよ」と言い出した。

私は「別にいいじゃん」と言って気にしないでそのまま過ごしていたところ、ある夜、母は古い毛布を数枚手にし、暗幕のかわりに窓辺に吊《つ》るし始めたのには驚いた。

部屋はボロ毛布に囲まれ、すさんだ空気が漂っていた。まるで戦争中の民家である。部屋の光が漏れないようここまでやる必要があるであろうか。私は早く大人になって、好きなだけ電気を使い、好きなだけ漫画も読める自由を得たいと心底思っていた。

そんなある年の夏休み、母の怒りは遂に爆発した。

私は朝から晩まで怠けており、台所の床の冷えた感触を楽しむ事だけを追求していた。一日中台所をトカゲの様に這《は》って場所を移動し、新鮮な冷たさを求めてさまよい続けた。毎日そのような事をしていたために、飼っていたセキセ

イインコにエサをやり忘れ死なせてしまった。クサガメも死んだ。カメの死体はそのままにしておいたので祖母が渋々始末していた。

母は私を呼び出し、どうかその腐った怠け心を入れかえてくれと、真顔で懇願し始めた。そして自分は戦争中は子供だったがこんなにも親の手伝いをしただとか、貧しかったが一生懸命生きていただとか、寒い日に大根を洗っただとか、数限りない苦労話をとくとくと語り始めたのである。

私は〝いつものことだ〟と思い、真面目に話をきいていなかった。母が「お母さんの言う事がわかってくれたかね、これからはしっかり者になってちょうだい」と言ったので、私は「話をきけと言われたから一応きいただけだよ」と言ってまたゴロリと横になった。

母は「クゥ」という絞り出す様なうなり声を小さく発し、鼻をすすりながら「こんな子供を産むんじゃなかった……あたしゃつわりもひどくて死にそうだったのに……命がけで産んだのに……情けないったらありゃしない」と言いながら泣いていた。

私は不良になったわけでもなく、家で暴力をふるうわけでもなかったのに〝怠け者〟というだけで親を泣かせてしまったのだ。〝怠け〟が原因で親を泣かせた人の話など、自分以外にきいた事がない。

親を泣かしてもまだ私は懲りていなかった。母の再三に亘《わた》る忠告も無視し続け、怠ける事に打ち込んでいた。

夏休みの終わり頃、怒りが頂点に達した母の手により、とうとう『ドカベン』数十冊が二階の窓から下の空き地に投げ捨てられるという大惨事が起こった。私は泣きわめきながら散乱したドカベン数十冊を拾いに行った。父も姉も誰も私の味方をしてくれる者はいなかった。全部身から出たサビである。

それから数年経《た》ち、十八歳から私は働き者になった。家の手伝いこそしなかったが、学校とバイトと漫画を描くのに精を出し、働き続けて今日に至る。

あんなに怒っていた母も今ではすっかり優しい初老の婦人になり、「あんた少しは休んだ方がいいよ」と言いながら、御飯をつくりに通って来てくれている。

私が十七年間怠けていたのは、その後で働くために力を蓄えていたのだ。三年寝太郎の五倍以上働かなくてはならない。彼の五倍といったら大変だ。せめて三倍ぐらいの怠けにしておけば良かったとやや思う。

おとし玉

かつておとし玉は希望の光であった。たとえ全収入の半分を母に巻き上げられようとも一万円余りが手元に残る至福は、一年のどの行事よりも楽しみであった。

ある年はおとし玉でジュウシマツのつがいを購入し、それの繁殖を一年かけて楽しんだ。またある年はセキセイインコのヒナを購入し、それに言葉を教えて一年楽しんだ。またある年はＮＨＫの『自然のアルバム』という番組の特製本を購入し、それを見ながら風景や生き物の絵などを描き一年楽しんだ。

一年の楽しみの始まりは全ておとし玉が握っていたのだ。

自分がもらっていた頃は、そんなにも重要な存在であったのに、あげる立場になったとたんケロリと忘れてここ数年過ごしていた。

私は地元の短大を卒業してすぐに上京してしまい、自由業なのでわざわざ混

み合う年末年始に里帰りなどしなかったのだ。

東京で正月を迎えている私のところに、おとし玉をもらいに来る知り合いの子供など一人もいるはずがない。

こうして私は今まで一度もおとし玉をあげる機会がなく、いつのまにか忘れていたのである。

そんな今年のお正月、主人の知り合いが可愛らしいお嬢さんと一緒にひょっこり訪ねて来てくれた。

私はお正月にはおとし玉の風習がある事を、ものすごくやっと思い出し、さりげなく主人を呼んで「おとし玉のしたくどうしよう」と相談した。

主人は私よりももっとはるかに忘れていたらしく、「あっ」と言ったきり暫《しばら》く動きが止まっていた。彼も今まで一度もおとし玉をあげた経験がなかったのだ。

私は家じゅうの引き出しを開けておとし玉袋をさがし回った。いつか銀行でもらったような気がする。もしくは雑誌のふろくについていたのをとっておい

たような気がする。

しかしどれも気のせいであり、おとし玉袋は見つからなかった。

私は非常に野暮だとは思ったが、背に腹は替えられぬと思い、封筒に「おとし玉」と書き、今年の干支のトリの絵を描いて袋を作った。トリの絵は急いで描いたので変になり、描かない方がよっぽど爽《さわ》やかであった。

しかし後悔している場合ではない。私は何枚かの千円札をその中に入れ、主人のところに持って行った。

主人は変なトリの絵が描かれた封筒を知人のお嬢さんに差し出し「はい、おとし玉」と言いながら、えびす顔をしてみせた。

知人は驚き、「そんなことしなくてもいいよ」と言ったので、お嬢さんは困惑し、我々のおとし玉を受け取るのをためらい始めてしまった。

主人は意外な展開に動転し、「実は、僕達夫婦は生まれてこのかた一度もおとし玉をあげるという経験をした事がないのです」と、訥々《とつとつ》と語り始めてしまった。

即席でつくったおとし玉袋

「僕ら、子供の頃はあんなに楽しみにしていたのに、自分達があげる番になったら、あげる機会もなかったもので、すっかり忘れてしまっていて……フッ現金なものですよね…だから、今日初めておとし玉をあげる体験をする記念すべき日なのです。もらっていたのがあげる立場になり、こうして世代は替わって

ゆくのですね。だからもらって下さい」と言い、ギョッとしている知人を尻目にお嬢さんにおとし玉袋を熱く手渡していた。

主人が俵万智《たわらまち》だったら今日を『おとし玉記念日』として一句ひねっているところである。

我々はおとし玉をあげた喜びにしばし酔い痴《し》れ、大人になった事を噛《か》みしめていた。そして来年こそは忘れずにおとし玉袋を用意しておこうと誓ったのである。

答案の始末

小学校四年生の三学期のある日、私は理由なき困難に遭遇してしまった。算数のテストが行われたのである。そこまでは小学校によくある普通の光景で、私もその日常の風景にとけこんでいた。

ところがテストのプリントが配られ、問題を見たとたんその日常性は崩壊した。全然わからないのである。どこをどう見ても徹底的にわからないのである。それまでの人生でこんなにもわからない問題に出逢った事がないほどわからないのである。しかも、学校を休んでいたわけでもないのに、わからない理由もわからないのである。

このクラスに今、私ほどわからない者がいるであろうか。カリカリと鉛筆の音が教室中に響いている。私以外の誰もが特に困難もなく問題を解き始めているのだ。どうして私だけこんなにわからないのだろう。何もここまでわからな

くなる事ないではないか。何かバチでも当たった気がする。私は自分の知らぬ所で、神に失礼でもしたのであろうか。

冷や汗をふきながら、なるべく落ちつこうと努力した。このままでは0点になる可能性も少なくない。とにかく落ちついて考えればわかるかもしれない。

ところが落ちついてみても一向にわかるものではなかった。落ちついたくらいでわからないものがわかるようになるのなら、先生も参考書も必要ない。トランキライザーさえあれば大学まで行けるというものだ。私は泣きそうになっていた。握っている鉛筆も汗でヌルヌルしている。

辺りの様子をうかがってみる。誰もがどんどん進んで問題を解いている様子だ。アホのはまじまで何か書いているようである。こんなに途方に暮れてにっちもさっちもいかない状態なのはいよいよ確実に私だけなのだ。

ここで一発腹痛にでもなってくれれば逃げようもあるのに体調は至って良好である。追いつめられて瀕死《ひんし》の状態にあるのは精神だけだ。仮病という演技をしてみる度胸もない。

どうにか二、三個答えを書いたものの、うろたえている間にみるみると時間は過ぎ、あれよあれよというまにテストは終了してしまった。

明るい日差しの射し込む教室内で、唯一人《ただひとり》私は闇《やみ》の中にいた。全ての光景が重くなっていた。あの答案はいつ返ってくるのだろう。できれば永遠に返ってきてほしくない。学校にヤギが乱入して全部食べてしまうという事件でも起こらぬものか。

家に帰っても気の重さは変わらなかった。親の顔を見れば〝気の毒だがアンタの子供は大バカだよ〟と思い胸が苦しくなる。ドリフを見ても欽ちゃんを見ても誰もこの胸の重さを救ってくれるものはなかった。

暗黒のまま一週間が過ぎた。担任の大石先生はもう採点したであろうか。私は大石先生が大好きであったため、先生に失望されるのも気の重さの大きな原因のひとつになっていた。

特に何の前ぶれもなくテストは返却された。私は自分の答案をひと目見るなり卒倒しそうになった。

史上最悪である。大体予想はしていたものの、予想というのはだんだん自分の希望も混じり、30点くらいは取れているかもしれないなどと少し思っていたのだが、現実は希望の入る余地はなかった。――12点。確かに12点と書いてある。何度見ても12点だ。

私は答案をものすごいスピードで小さく小さく折りたたみ、ランドセルのポケットの奥深くにしまい込んだ。誰にも見られたくなかった。母になんて絶対に報告できるものではない。怒られるのが怖い等というレベルを超えた恐怖があった。自分の生きている資格とか何か重要な根源的なものが、母に見せたとたん崩壊するのではないかという恐怖があったのだ。

私はこの答案をどう始末しようかと、そればかりを考えていた。いつまでもランドセルに入れておくわけにはいかない。学校の焼却炉に捨てようかとも思ったが、万一誰かに見られたら一生の恥だ。ゴミ箱にも捨てられない。学校のトイレに流すという手も、もし詰まったりしたら大変なことになる。

考えた末、家の便所で落ちついて捨てようということにした。うちの便所は

である。

水洗ではないから詰まる心配もない。誰にも見られず処分するのに最適な場所である。

家に帰りそのまま便所に直行した。小さく折りたたんだ答案を広げ、細かく破る前に改めて見てみる。今ならわかる問題ばかりであった。どうしてあの時わからなかったのだろう。今さら便所の中でわかったって仕方がない。私は力なく答案をふたつに破った。そして更に答案を細かく破り、パラパラと便壺《べんつぼ》の中へ雪のように舞い散らせた。

便壺の底で答案の切れ端が哀しく積もっている。私はその光景を一生忘れないだろう等とドラマチックな感慨にふけった。

フト気がついてよく見ると便壺の途中に、答案の点数が書かれているあの部分がひっかかっているではないか。

私はギョッとした。あの部分が一番肝心なのだ。あの部分さえ便壺の底へ落ちてくれれば他の切れ端が全て途中で引っかかろうと構やしないというほど、あの部分は肝心なのだ。

私はもっと細かく破らなかった事を非常に悔いた。点数の部分だけでも判別不可能な状態に破るべきであった。面倒臭い事になってしまった。チリ紙を丸めて命中させて落とそうと思ったが何回やっても命中しない。オシッコをして流そうと思ってやってみたが量が足りなくてうまく流れない。

トイレの外で母が「何やってんの、早く出なさい」と言っているのがきこえてきた。どうして私はこんなにもやることなすことうまくゆかないのだろう。ヒヤシンスの水栽培でも花が咲かないのは私のだけだったし、図画のえのぐセットにカビがはえたのも私のだけだった。幼稚園の頃からそういう事がたびたびあり、自分に全く自信がないうえに12点だ。

言いようのない悲しみがこみ上げてきた。便壺の途中にうす暗く揺れて見える12点がにじんでぼやけて涙がおちた。あとからあとから涙がにじんではおち、便壺の中へ消えていった。

便壺の途中に引っかかった12点の切れ端は、二〜三日そのままになっていたが家族の誰も気がつかなかった。便壺の中を注意深く見る者などいなかったか

らである。
一方、学校でははまじがあのテストで4点だったと平気で話している姿を見た。彼のようにスコーンと突き抜けてしまえればどれほど楽であろうか。私ははまじがうらやましかった。別にテストで何点だっていいじゃないか。はまじはまばゆく輝いている。ドリフも欽ちゃんも与えてくれなかった喜びを、はまじは十秒で私に与えてくれたのだ。
その後、理科のテストが返ってきた。96点であった。私は理科は得意だったのだ。先程は、別にテストで何点とってもいいじゃないか、と思ったが、またたくまに少し得意になっている自分に気がつき愚かさを感じた。
相変わらずはまじは平気で低得点を公表していた。

彼がもし高得点を取っても、今と同じ態度で平気なのだろうか。テストで何点でもいいじゃないか、というような不動心を持ち続けてあっけらかんとしているであろうか。

それならはまじは本物だ。そんなはまじを見たいものだと思っていたが、遂にはまじが高得点を取る姿を見る事もなくクラスは別々になってしまった。

お金を拾う

先日、まだ夜が明けていない早朝四時頃、私は独りの部屋でゴミを出しに行こうか行くまいか非常に迷っていた。

生ゴミ等が溜《た》まっているのはわかっているが、漫画の原稿を仕上げた直後であったため、その体はとてつもなく疲れていた。ゴミ置き場は家のすぐ向かいにあって便利なのだが、そこへ行く事すら困難なほど体力は衰えていた。ゴミ置き場へたどり着く前に倒れるのではないか、そんな気がして先程から独りの部屋で迷っていたのである。

私は行くのをやめる事にした。生ゴミが腐っても別にいいではないか。今捨てに行ったら、私は途中で倒れて道端に伏し、誰にも発見されずに翌日の昼すぎ、春の日差しに照らされたまま生ゴミと一緒に腐ってゆくであろう。そして夕刊の片隅に「さくらももこ、生ゴミと共に腐り死ぬ」と小さく載って全てが

終わるのだ。泣く者もいまい。

そんな予感がする時はさっさと寝るに限る。私は素早く部屋の電気を消し、寝室に向かって歩き出した。

ところがどういうわけか、寝室に向かっているはずの体がどんどん勝手に生ゴミ方面に向かっているではないか。「あらら不思議」などと言っている間に私は手に生ゴミを持ち家の外に出てゴミ置き場の前に立っていた。

ここまで来たら生ゴミを捨てて帰るしかあるまい。今日は怠けるつもりでいたが、私の几帳面《きちょうめん》な潜在能力が怠け心を打ち砕いたに違いない。

私は自分の内面の几帳面さに感服し、おごそかに生ゴミを置いた。空は薄く明るくなってきており、私とゴミ置き場周辺は、〝几帳面〟の三文字のもとに神聖な輝きを帯びていた。雲の切れ間から天使が舞い降りてきそうである。誰か気を利かせて賛美歌でも歌ってくれぬものか。

神聖な気分に浸《ひた》りながら家の門を開けようとした時、私の視界にキラリと何らかの紙切れがあるのが映った。〝あれはもしやっ〟と思い目にもとまらぬ速

1000円　ひろって　よろこぶ図

さて私はそれを拾った。

それは千円札であった。どこをどう見ても千円札だ。百円のアイスクリームが十個買えるあの紙だ。

「わーいわーい」と万歳しながら家に帰った。私が怠け心を克服し、几帳面にゴミを捨てに行った御褒美に神様がくれたに違いない。あの神聖なムードは、天使が降りてきて千円置いていったからだったのだ。

そういう理由でこの千円はもらう事にした。こんなに立派な金額を拾ったのは九年ぶりである。思えば九年前の拾い物は輪をかけて立派であった。

——九年前、私は短大に通いながらデパートの健康食品売り場でバイトをしていた。上京する際の資金を貯めるため、正月も休まずバイトをしていたのである。

欲しい物も買わず、上京という人生の目標のひとつに向かってがんばっていた。

街は正月の静かな歓《よろこ》びに満ちていた。だが私には無縁であった。家では父が「正月だ正月だ」と言ってヘラヘラ酒を飲んでいる。母も姉もゆっくりTVを観ている。それでも私はバイトをしなくてはならない。短大を卒業するまでに百万円貯めるのだ。親に反対されながら家を出るのだから自分で全部しなくてはならない。

正月の夜の街角で、私はマッチ売りの少女のような気がしていた。あのときマッチに火をつければ、鳥の丸焼きぐらいは見えたかもしれぬ。

私の他に、バイト仲間二人が並んで冬の街角を歩いていた。三人共違う売り場で働いていたが、仲が良かったので一緒に今日の売り上げをデパートの別館

に納めに行った帰りであった。

デパートの前のタクシー乗り場付近で、私達三人はほぼ同時に「あっ」と言った。三人共、道に落ちてヒラヒラ舞う紙切れに注目していた。

私達と同時に、向かい側からやってくる遊び人風の不良青年三人組もそれを見つけて「あっ」と叫んでいた。

また私達及び不良青年三人組の他に、中年の紳士と初老の婦人もそれを見つけた様子である。

合計八名がその紙に注目していた。そしてそれはどうやら一万円札らしき風情をかもし出していた。

合計八名は三秒余り硬直していた。その三秒間にそれぞれの脳裏に様々な思いが渦巻《うずま》いていたに違いない。中年紳士は〝もし、急いで拾ってお札じゃなかったら大恥だ…あの人は欲張ってゴミを拾いやがったアハハハ等と笑い物になるんではないか〟という想いで躊躇《ちゅうちょ》していた。一方〝あらまぁ、あのお婆さんてば、お婆さんのくせにごうつく張りだこと。今拾ったお金どうするのか

しら、あっ、おサイフに入れちゃったわ。ひどい人ねェ〟などと後ろ指をさされるのではないかという想いで踏み切れないのは初老の婦人。そして不良青年三人組は、明らかにカッコをつけて見栄《みえ》だけのためにお金らしき紙を拾いに行くのを我慢している様子であった。

私は次の瞬間タクシー乗り場のまん中に飛び出し、猛然とそれを拾いに走った。誰も拾わないのなら遠慮している暇はない。私が走り出したのを見て、不良も中年も初老も「あっ、やられたっ」という表情をしていたがもう遅い。これは私が手に入れるのだ。

喜び勇んで私は戻って来た。「やっぱり万札万札っ」と叫び、友人達とその紙を広げてみると、何と二枚も重なっていたのである。

私達は驚き、「ヒャー、二枚もあるっ」と騒ぎ立てた。不良と中年と初老は私達の〝二枚〟という声を聞き、〝あの時一足《ひとあし》早く飛び出していれば…〟というような後悔の苦笑いを浮かべて佇《たたず》んでいた。

我ら三人の中で、誰一人「警察に届けよう」と言う者はいなかった。このお

金は、正月も休まず働いている私達に神様がお年玉をくれたのだ。そう三人で言い合い、飲み屋に直行する事になった。

タクシー乗り場に万札を二枚もハダカで落とすような人は、恐らくどこかの社長であろう。きっと行きつけのバーかクラブのお姐《ねえ》さんの胸の中へでもねじ込まれるお金だったのだ。どっちみち若い娘にやる金なら、私達三人娘がもらってもバチはあたるまい。

——その二万円以来、しばらく大物を拾う事もなく、時折五円玉などを拾い上げてはため息をつく日々を送っていた。今日の千円は久々の快挙である。昼すぎ、私は夫に「今日の朝早く、千円札を拾ったよ。どうだ」と威張ってみせると夫は急に顔を曇らせ、「僕は、駅の便所で一円玉を落とし、汚いと思いつつ反射的に拾ってしまった…」と肩を落としていた。夫がなぜ肩を落とす程まで落胆したのかと言えば、〝落ちている一円玉を拾うエネルギーの方が一円以上かかる〟という説があるのだ。つまり一円を見つけたとして、〝あっ、一円見つけた〟と視神経から脳に信号を送ったり、足を曲げて腰を丸めて手を

伸ばしてそれを拾ったりするエネルギーは、一円ではまかないきれず、総合的に赤字になるらしい。

　夫はその説を以前私に教えてくれたにもかかわらず、自ら一円玉を落とすというおっちょこちょいをした上にその一円玉を拾う行動までとってしまったのだ。今回の夫の場合は〝あ、一円落としてしまった。汚い、拾いたくない〟と思ってから拾ったので普通に一円を見つけて拾った人よりも、余計な思念を考えた分のエネルギー消費量は多くなっているはずである。金額に換算すれば、三円位になったであろう。二円の赤字である。

　そうは言っても一円が落ちていれば大抵の場合拾ってしまう。夫曰《いわ》く「一円玉が落ちているのを見ただけで、交通事故に遭ったようなものだ。〝あっ、落ちてるっ〟と思うだけで、既に一円の半分位のエネルギーを使うだろうから、確実に損をしてしまう。かと言って拾えばもっとエネルギーを使うからもっと赤字になる。どうしても赤字になるしくみになっているのが〝落ちている一円玉〟なのだ」

そういって遠い目をする夫だが、〝落ちている一円玉〟理論の説明、という行為は一体いくら位のエネルギーがかかっているのであろうか。一円玉など落ちてはいない今この自宅の部屋の中で、わざわざそんな話を様々な語《ご》いを駆使して身ぶり手ぶり弁説巧みにとうとうと解説する方がよっぽど赤字のような気がする。

ミーコの事

私が三歳の時、祖母がどこからか三毛猫の仔猫《こねこ》をもらって帰ってきた。仔猫なのにそれほど可愛らしくもないその猫は、三歳の私を見るなり馬鹿にした様な顔で斜《しゃ》に構えて気取っていた。

私はこの猫とはあまり気が合いそうもないと直感した。むこうも私の事を〝いけすかない奴〟と思っているらしい。私は猫を無視する事にした。

ところが、私が走ると猫も走った。私がピタリと走るのをやめると猫もピタリと走るのをやめた。そして知らんふりしている。他人に自分のマネをされるとイライラする様に、猫に自分のマネをされるというのも非常に腹立たしいものだ。しかも猫の方は私を明らかにからかってマネをしている様である。

私は頭にきて猫を睨《にら》んだ。睨まれた猫は睨み返し、グワッと私の足に噛《か》みついてきた。

私は泣いた。痛いのとくやしいのと両方混じってワンワン泣いた。そしてその日もらわれてきたその猫が、それから長い年月ずっと私の敵になったのである。

猫はいつの間にか〝ミーコ〟と呼ばれるようになっていた。どうせ猫の名前など〝タマ〟か〝ミーコ〟か〝ミケ〟になるであろうと思っていたが、やはり家族の誰かがその三つのメジャーネームの中から簡単に選んだのであろう。

ミーコはとにかく意地の悪い猫であった。トカゲ等をくわえて家の中まで持ってきて、わざわざ人の足元に落とすのだ。そして家族の誰かが「あっトカゲッ」などと言ってギャーと叫ぶのを柱の陰から眺めては実に愉快そうな表情で満足するのである。

ある時は私に向かって愛想をふりまいていたので、「おや珍しい、たまにはミーコも可愛らしい時があるものだ」と思い、抱き上げたとたんに嘔吐《おうと》をぶちかましてきた。私は「うげっ」と奇声を発し、汚れた衣類を泣きながら脱ぎ捨てた。そんな私の様子を、ミーコは何事もなかった様な顔でケロリと眺めてい

るのである。本当に腹立たしい。

ミーコはすこぶる健康であった。毛はツヤツヤし、中肉中背、姿勢も良い。病気になった試しがなく、まずそうな食べ物には決して手を出さなかった。

そんな彼女が、ある日犬にケンカを挑《いど》み、負けて帰ってきた。彼女は後ろ足を負傷しており、皮がむけて肉が見えていた。

祖母は消毒と包帯をしてやり、「これで大丈夫だ」と言っていたが、私はミーコが少し心配であった。憎い奴だがケガをしているとなれば気の毒にもなる。

しかしミーコは私に弱味を見せなかった。治療を受けている間もジッと静かにしており痛い顔を見せずに通した。そして治療が済むといつものように姿勢正しく歩き出し、気の毒だと心配している私を一瞥《いちべつ》してサッサとどこかへ行ってしまった。かわい気《げ》というものが微塵《みじん》も無い。

ミーコが私の所に近寄ってくるのは、私がシーチキンの缶を開けた時だけであった。

この時ばかりは私の方が優勢である。ミーコはどんなに遠くにいても私がシ

ぜんぜんかわいくなかったミーコ

ーチキンを開けるとすぐにやって来て、欲しそうな顔でグルグルと私の周囲を旋回して歩く。だが、敵の私に決して媚《こ》びようとはしない。私が何かのまちがいで、床に落としたりしたシーチキンを狙《ねら》っているのである。

私はわざとシーチキンを落としてやる。するとミーコはダッシュでそれを拾って食べ、床の油まできれいに舐《な》めて次を待つ。一度、ミーコをからかってやろうと思い、わざと落としたシーチキンを、ミーコが食べようとした瞬間に足で踏んで隠してやった。

ミーコは怒った。「この女、よくも

私を馬鹿にしたね」と言わんばかりに私の足に嚙みつき、爪を立ててふくらはぎを引っ搔《か》き回してきた。

「あだだっ」と苦悶《くもん》の叫びをあげ、私は足を引いた。足はシーチキンの油で汚れ、嚙まれた傷と引っ搔かれた傷からは血がにじんでいた。いい事なんてひとつもありゃしない。私はもう、必要以上にミーコに関《かか》わるのをやめる事にした。

小学校六年の頃から、私は友人に〝ミーコの話〟を面白可笑《おか》しく話して聞かせるようになった。「私が三歳の時にもらわれてきた」から始まり、奴がいかに憎らしい猫であるかを散々言いまくり「もう九年も生きてるんだよ、ホントに早く死ねばいいのに」で締めくくるのである。中学一年、二年とその〝ミーコの話〟は語り草となり、その都度最後の締めくくりの「もう○年も生きている」の年数の部分が増えていった。

ミーコがうちに来て十一年目、私が中学二年の時、私達は決定的に対立する事になった。

ミーコが私のかわいがっていたジュウシマツを殺《や》ったのである。私は猛烈に

泣いた。それまでにもミーコは私の飼っていた鳥を何回か殺った事があったのだが、今回は許せなかった。そのジュウシマツは手乗りだったのだ。

過去一回、手乗りジュウシマツを育てた事があったが、その時もミーコに殺《や》られた。その日、ミーコは祖母にこっぴどく叱《しか》られ、二度とそんな事はしないと誓ったはずである。そして今回のジュウシマツにはミーコは決して手を出さないでいたのに、何でこんな事をしてしまったのか。

私はミーコをとっ捕まえて泣きながら叩《たた》いた。ミーコが逃げればどこまでも追いかけて行き捕まえては叩いた。ものすごく大切にしていたジュウシマツだったのだ。それがもういなくなってしまったのだ。このバカ猫のせいで。そう思うと口惜《くや》しくて、ますますミーコを目茶苦茶に叩いた。ミーコは叩かれるたびに目をつむり、体を丸めて〝叩かれる姿勢〟になっていた。

私とミーコは険悪になった。私はミーコがジュウシマツを殺した事も友人達に頓狂《とんきょう》も交えつつ語っていた。「ホントに、もう十一年も生きてるんだよ。ジュウシマツじゃなくてあいつが死ねばいいのに」と、またお馴染《なじ》みのセリフで

締めくくり、なかなかの好評を博していた。

ところがジュウシマツが殺《や》られてから二〜三日後、犯人は他の猫だったことが判明したのである。

母が物干し場に行った時、うちのセキセイインコを近所のノラ猫が狙っているのを目撃したというのである。そういえば、ミーコは最初のジュウシマツで叱られて以来、鳥には目もくれぬようになっていたし、あの日ジュウシマツを殺《あや》めた形跡は何もなかった。誰もミーコが殺《や》った現場を目撃していないのである。そのかわり、ノラ猫がうちの周辺をうろついているのを私も何度か目撃していた。

ミーコは犯人ではなかった。私も母もそう確信した。

ミーコに悪い事をしてしまった。彼女はぬれぎぬをきせられ、私に執拗に追いかけられ、そして叩かれたのである。彼女にしてみれば何が何だかさっぱりわからなかったであろう。私はただの叩き屋としてミーコの目に映っていたのである。

私はミーコに和解を求めようとしたが、彼女は私の一切を受け入れようとしなかった。私とミーコの間には、気まずい男女関係より暗くて深い溝ができてしまったのだ。

ミーコとの和解を求められぬまま月日は流れ、彼女がうちに来てから十三年目の春が来ようとしていた。

その日の朝、母は唐突に「今朝、ミーコが死んだよ」と私に告げた。

私はあまりにも突然なミーコの死に衝撃を受け、「なんで?」と母に問い返すのが精一杯であった。

ミーコは車に撥《は》ねられて死んだらしい。朝、隣の空地で死んで倒れているところを発見されたようである。

私は虚《うつ》ろになった。ミーコと仲良くなれないままだったなあ…とボンヤリ想い、まだ片づけられていない彼女の御飯の入れ物のナベをじっと眺めていた。

友人達に話す〝ミーコの話〟の締めくくりは「十三年も生きてるんだよ、早く死ねばいいのに」から「十三年も生きてたんだよ、もう死んじゃったけど」

に変わった。

ミーコがいなくなって、一カ月ほど経《た》ったある日、私は座布団に一本、ミーコの毛がくっついているのを見つけた。

手にとってみると、ミーコの複雑な毛色がたった一本の中に全部織り込まれていた。ミーコの色だ。ミーコはこの色の猫だ。

学校帰りにミーコの姿を屋根の上に見つけてうれしかった、あのミーコの毛の色。

私は初めてミーコの事で泣いた。振り返ればいるんじゃないかと思って振り返っても、もうどこにもミーコはいなかった。

ひろ子の揉め事

その日の夜、私は自転車に乗って事務所を出た。夫は私のすぐ前を、やはり自転車に乗って走っていた。

私は意味も無く気分が良かったので、〽ラララ～と鼻歌を歌いながら自転車をこいでいた。

自転車が、あるマンションの前を通り過ぎようとした時、そのマンションの前で若い女二人が、若い男一人をとり囲み、「ひろ子がかわいそうでしょ」「あんた、どういうつもりで二股《ふたまた》だか三股もかけてんのよっ」とヒステリックに叫んでいる声が耳に入ってきた。

一目でその状況が把握できた。女二人に囲まれている男は女たらしで、女二人はその男に遊ばれて泣かされた女の友人なのだ。

私はその女たらしの男の顔がどういうものだか見たくなり、急に自転車の速

度を落とした。ゆっくりゆっくり、焼きイモ屋の屋台ほどの速度で走りながら、ジロジロと男の顔を見てやった。

夫もそういうものをじっくり見るのが嫌いな方《ほう》ではないため、自転車の速度は落ちていた。若い男女の周辺を、二台の焼きイモ屋が通り過ぎていく様なものである。

私は女たらしの男の顔を見るついでに泣かされた女の友人達の顔も見る事にした。ゆっくり走っているかいがあり、女たらしと友人達の顔を何度も交互に見る事ができた。

泣かされた女の友人達は、焼きイモ屋の私達などまるで眼中にない様子で「あんた、ひろ子にあやまりなさいよっ」等と男を責めまくっていた。こんなに親身になってくれる友人達がいて、ひろ子も幸せ者である。

女たらしの方は、焼きイモ屋の私達に多少恥じらいを感じている様子である。彼の心の中は、ひろ子の事よりも私達夫婦がさっさと去ってくれる事を望んでいるのが手にとるように伝わった。

それにしても、この女たらしの顔はそれ程たいした物ではない。見るからに軽薄そうではないか。この男が真剣に女に忠義を果たすとは思えない。ひろ子はこの男の何が良くて泣くまでつきあってしまったのだろう。別れられない程良いものがこの男には隠されているのであろうか。私がひろ子の親だったら、ひろ子に別れ話を勧めたであろう。本物のひろ子の親だってひろ子に忠告したかもしれない。「ひろ子、男っていうのはねぇ、チャラチャラと調子が良いだけじゃダメなのよ。ねえひろ子、あなたが今つきあっているあの人、なんだかお母さんは気にいらないわね。人間としての深味がないわよ。もっといい人いるはずよ。ちょっとひろ子、きいてるの？　アンタまさか、あの男に体を許したんじゃないでしょうね。ひろ子っ、ちょっと待ちなさい、ひろ子っ」ひろ子は親の言う事もきかず、サーフボードか何かをかかえてあの女たらしの許《もと》に走ったのだ。だから泣くはめになったのだ。全部ひろ子が悪いのだ。二股だか三股かける男も悪いが見抜けなかった女も馬鹿だ。演歌等でも昔から馬鹿な女の人生は歌われている。

私は若者達の横を自転車でゆっくり通り過ぎながら、「いや～、若いもンはいいねェ、青春青春」と言って笑った。どうせもう顔を会わすこともないであろう、と思い調子に乗ってからかったのである。夫も前を走りながらたぶん笑っていた。

後を振り返らずに走り去ったので、若者達の様子を見ることができなかったが、恐らく彼らは呆然《ぼうぜん》とこちらを見ていたに違いない。

家に帰り、さてご飯の支度をしようと思ったところ、私は事務所にお米を忘れてきた事に気がついた。

夫に「事務所にお米を忘れてきたよ。今夜はご飯ができないよ」と言うと、「ご飯ができないじゃないだろ、取ってくればできるじゃないか。自分が忘れたんだから自分で取りに行ってこい」と厳しく命じた。

面倒臭いなァとボヤきつつ、また自転車を家から出して走り始めた。途中まで行き、私はハッと先程の若者達の存在を思い出し、自転車を止めた。

お米の事で忘れていたが、さっき私は彼らを冷やかして笑い飛ばしたばかり

であった。もう一度彼らの前を通らなければならない。

もう二度と通らないだろうと思ってあのような振る舞いをしたのに、再び通る事になるとは、どの面《ツラ》下げて行けばよいのだ。おまけに先程は夫がいたが今度はいない。私独りだ。独りだと急に心細くなるもので、さっきだって独りだったらあんなにふざけたまねはしなかったはずだ。

私は深刻になりながらマンションの見える角を曲がった。まだ若者達のいる影が見えた。

今度はジェット機のような速さで駆け抜けることにした。全速力でペダルを回転させ、彼らの横を通過した。若者達が〝あっ、さっきのヘンな女!!〟というような目でこちらに注目しているのをチラリと確認し、冷や汗が出た。

私はますます力いっぱいペダルを回転させせた。三里のツボの筋肉がキリキリと痛んでいたが、そんな事に構っていられない。

ほうほうの体《てい》で事務所にたどり着き、暗い物置き部屋の隅で米を発見した。

「これでご飯が炊ける」と米の袋を抱えて安心した私は、ついでにミネラルウォーターなども持って帰ろうと事務所中をグルグル歩き回り、すっかりあの若者達の事を忘れていた。

事務所を出、自転車をこぎ出してからようやくまたあの場所を通らなくてはならない事を思い出し、自転車のカゴに入った米その他の荷物が急に重みをドンと増した。

ああ嫌だ。何で三度もあの若者達の横を通らなくてはならないのだろう。ただでさえ三度も通れば怪しい人なのに、ましてや私は一回で怪しい者になっている。二度目で更に怪しまれているのに再三に亘《わた》ってとどめの怪しみを彼らに与える事になるとは……。女たらしの男の顔なんて見たがるんじゃなかった。ひろ子の友人達の顔だってどうでも良かったではないか。そしてあんなに調子に乗って彼らを挑発した自分が憎い……。

様々な後悔が押し寄せてきたが〝ひょっとしたら彼らはもうあの場所にはいないかもしれない〟という希望も少し頭をよぎった。私が事務所で米以外の物

をさがすためにうろつき回った時間は思いのほか長かったのだ。三十分位はウロウロしていたはずだ。三十分もあれば、ひろ子の友人達による女たらしへの路上での糾弾も済んでいるかもしれない。

そう思い、もういませんようにと祈りつつ私はマンションの見える道の角を曲がった。

おお、誰もいなくなっている。さっきまでひろ子の友人達がいた場所は、人影どころかネコの子一匹いやしない。

私はたちまち呑気《のんき》になり「〽ふ〜け〜ば飛ぶようなァ〜」と大声で唄を歌いながら自転車を走らせ始めた。

酔っぱらいのように歌いながらマンションの前を通ろうとしたその時、今度はマンションの駐車場の隅にあの若者達がいるのを発見し、私はひっくり返りそうになった。彼らは場所を少しズラしてまだひろ子の事で揉《も》めていたのだ。

彼らは歌いながら走ってきた私の方をジッと見ていた。

死ぬ程気まずかったが、ここで歌うのを急にやめるのは余計気まずいような

♪
ふーけーば
とぶようなー
しょうぎの
コマに～
ギーギー
なんにも知らず大声で
うたう私。

気がし、「〽将棋のォ駒にィ～」と私はそのまま酔っぱらいのオヤジの口調で歌い続けるしかなかった。

　その後、ひろ子とあの男が別れたかどうかは知らぬ。私はもう、若者達の青春の現場を見かけても、二度とちゃちゃを入れたりすまいと心に決めたのだった。

二十歳になった日

二十歳《はたち》になる日が来た。今二十八歳だから、八年前の事である。

私は二十歳になる日をどうやって過ごそうかと考えていた。まだ短大生で清水市に住んでおり、隣町の静岡市へ行っては健康食品売り場でアルバイトをするという地道な生活を送っていた頃である。

二十歳の誕生日はひとりで迎えようと決めた。ひとりで決断し、ひとりで人生を切り開いてゆかなければならない年代を迎える気がしていたのだ。チャラチャラとバースデイパーティーを開いてトリの唐揚げ等を食べている場合ではない。

私はひとり、静岡市内の街角に立ち、まっすぐに続く道をまっすぐに歩いて行ってみようと考えた。

五月の空はさわやかで、私は自分が五月に生まれた事を心からうれしく感じ

ていた。どこまでも歩いていける様な気がした。

ずいぶん歩いた。四十分は歩いたであろう。

見知らぬ商店街に出ていた。自分の見知らぬ街でも、毎日そこでは人々の生活が営まれている事を、あたりまえだが尊いと思った。全てがいとおしく感じられた。

古い看板も電柱も学校も、どうしていいかわからないほど有難かった。公園に、日が差しているだけで泣きたいぐらいうれしい。

私は公園で少し休むことにした。新緑の葉をつけた木が風で揺れている。子供達が笑いながら走っている。私はただベンチに座っていた。生きているだけでよかった。そう考えるのではなく感じていた。

公園を出て再びまっすぐ歩き出した。途中、小鳥屋を覗《のぞ》き、缶ジュースを買い、小さな文房具屋に入ってスケッチブックを買った。

そのように寄り道をしながら二時間余り歩き続け、ようやくまっすぐな道がふたつに分かれる場所に来た。

そろそろ戻った方が良いと思い、駅の方に着きそうな道を選んで歩き出した。ところが歩いても歩いても駅に着かず、何となく心細くなってきた。それでも、どうにかなるであろうと思いながら歩き続けてみた。

帰り道にも古道具屋やらアイスクリーム屋で寄り道をし、三時間ぐらいかかってやっと駅にたどり着いた。もう日は暮れていた。

家に帰る途中でケーキを買い、七時過ぎに帰宅した。

非常に疲れていたが、これまで味わったことのない充実した気持ちであった。母は「あらケーキ、そういや誕生日だっけね」と言ってお茶を入れ始めていた。父は私の誕生日など思い出しもしない様子で野球を観ていた。姉はケーキが切り分けられるのを待ちながら「これ、あげるよ」と言ってさりげなくイヤリングをくれた。

私は何から何までうれしいとしか言いようのない気持ちで統一されていた。二十代はひとりで歩いてゆく年代になる予感がしていたが、今日の今の気持ちをどんな時も覚えていようと思った。

すべてが うれしかった 日

その翌年上京し、私は本当にひとりで歩いてゆくことになった。不安や悲しみも全部ひとりで背負って進んでゆかなくてはならなくなったが、それは自分自身で決めた事だし、進んでゆくその先がどうなってゆくのか味わえるのも自分自身だけだ。

二十歳になるあの日、まっすぐに歩いてみようと思ったことは、今も私の大きな糧になっている。歩いただけで表面的には何事も起こらなかったが、内面的に起こった数々の幸せな出来事は、身のま

わりの全てのものがくれた最高のプレゼントであった。
二十歳になるあの日の、あの時間の感覚を、私は一生忘れない。

心配をかける姉

姉は心配をかける子供だ。

赤ン坊の頃から小児ぜんそくにより毎晩苦しみの泣き声をあげ、親に心配をかけていた。

マラソン大会ではビリになるし、水泳をやれば水の中で目が開けられなかった。

中学からは親が心配して私立に入れたため、何かにつけお金がかかった。ただでさえ公立の中学よりお金がかかるのに、箏曲部《そうきょくぶ》へ入部したため、琴まで買うはめになった。おかげで親及び私はますます貧乏を強いられていた。

琴は初めの頃、時折練習に使われていたがまもなく埃《ほこり》をかぶっているだけの木の棒になった。でくの棒の方がまだ役に立つ始末である。

更に姉は、何を思ったか「将来保母になりたい」等と言い出したため、ピア

ノが必要になり、電子ピアノを購入する事になった。親にどれだけ負担をかければ気が済むのであろうか。親に対する遠慮というものが全く無い。

一方、私はといえば、中学・高校と公立へ通い、短大だけ私立であったから親の負担は軽かった。そのうえ将来は漫画家を目指したため、自分で紙とペンを揃《そろ》え、親に一銭も迷惑をかけずに過ごしてきた。自分で言うのもアレなのだが誰も言ってくれないから言ってみると、私が親なら私のような娘をもった事を大いに喜び町内中に餅《もち》を配るくらいの事はするであろう。それなのに親から叱《しか》られる確率は姉より十倍高かったのが不思議である。これも〝怠け者に見える〟という損な性分を持っているのが災いしている。

姉はなぜか怠け者に見えない素質を備えていた。それほど親の手伝いをしていた様子もないのに、怠けているふうにも見えなかった。得な性分である。愚鈍そうに見えて実は要領がいいのかも知れぬ。

さて姉は、ピアノを買ってもらったからには保母になるしか道はない。毎日下手なピアノの音が鳴り響き、聴かされる者の神経に障《さわ》っていた。そもそも十

四だか十五になってからピアノを習い始めること自体、遅すぎるのだ。それでも姉は、自分の手が両利きなのを有効に利用し、保母になるために練習していた。そのかいあってか、姉はどうにか保母になれた。そして保育園に勤める日々が始まったのである。

毎日スクーターに乗って保育園に通っていた。スクーターも親に買ってもらった物だ。私はどこへ行くにも自転車か電車を利用していた。自転車は家族用だし、電車は自腹を切っていた。どこまで孝行するのか自分でも呆《あき》れる。

姉は保育園に勤め始めて半年も経《た》たぬ間に、「保母になんてなるんじゃなかった……」と言い始めた。私は〝それみた事か〟と内心思っていた。そもそも姉はとりたてて子供好きという方ではなかった。別に嫌いな方ではないかもしれないが、決して大好きな方ではない。それなのになぜ彼女は保母を志願したのか、数年来の大謎《なぞ》だったのである。

しかし、嫌でも何でもやらなくてはならない。姉の人生には親の援助がつぎ込まれているのだ。

姉が保母になって四年目の朝、既に上京している私のもとへ母から電話がかかってきた。

こんなに朝早く何だろう…と思って出た私の耳に「お姉ちゃんが事故で入院したんだよ」という母の声が飛び込んできた。私は激しく狼狽《ろうばい》し、「えっ」と言ったきり声が出なかった。

母は私に落ちつくように言ったあと、姉の事故を説明し始めた。話によれば、姉は大型オートバイの免許を取るために指導を受けに行こうとし、いつものスクーターに乗っていたところ、途中の砂利道ですべって転んでヒザの靭帯《じんたい》を切る怪我をしたのだそうだ。つまり姉は誰とぶつかったわけでもなく独り相撲でケガをしたのだ。私は少し安心した。だが入院しているというので急いで清水に帰る支度をし、病院に駆けつける事にした。

病院に着くと姉は麻酔が効いて静かに眠っていた。足は治療がほどこされており、固定してあるようであった。

母は心《しん》から底《そこ》から嘆いていた。「あたしゃもう、驚いて死ぬかと思ったよ。

病院のベッドでねてる姉
zz…
ほんっっとにあの子は……
まァまァ…

なんでこうあの子は心配かけるんだろうねェ」

彼女がなぜこんなに心配をかけるのか私にも分からなかった。人に心配をかけるためにこの世にやってきた女だとしか思えない。

そんな身内の心配をよそに、姉はクークー眠っている。腹立たしさと不憫《ふびん》さが同時に押し寄せてきた。「まったくもう」としか言いようのない気持ちであった。

退院した姉は、当分の間飛んだり跳ねたりできないため、保母をやめる事になった。ここで「しめしめ」等と言

わないところが、姉の叱られない所以《ゆえん》である。姉も内心は相当「しめしめ」と思ったに違いない。

もうピアノは要らなくなった。姉はOLになったのである。

OL生活は、保母よりは楽しいらしい。楽しいとは言っても別に極楽というわけではない様だが、それでも新しい友人が増えたりして少しは調子がいい様子だ。

母は東京の私に電話をかけ、まだ姉が嫁に行かない事を嘆き続けていた。「あの子は本当にバカだよ。わたしがお見合いの話を探してきてやっても写真も見やしないんだよ。だからって自分で探してくるわけでもないのに。結婚する気があるのかね。ちょっとアンタ、お姉ちゃんにきいてみてよ」と面倒な事を頼まれてしまった。

姉に結婚する気があるのかどうか等、妹といえども何だか聞きにくい。用もないのに姉に電話をかけ、「あんた、結婚の事どう思っているかね」と突然言ったら彼女も気を悪くするであろう。

私は、とりあえず他の話題から入ろうと思った。姉はＵＦＯや超能力等の不思議モノが好きなので、その辺から話をすれば自然な形で結婚の事まで話題をもってゆけそうである。

作戦が決まったので、姉に電話をする事にした。電話には母がでて、「えっ、早速お姉ちゃんにきいてくれるかね。あんた、やる事が早くなったねぇ。昔はのろまだったのにねぇ」等と余計な事を言われ、すっかり気分が悪くなったところに姉がでてきた。

「なに？」と姉は相変わらず家族に対して愛想が良くない。私は「ああ、別に用事じゃないんだけどさ、最近不思議モノの様子はどうかね」と、会社の上司が部下に仕事の調子を尋ねる時のような口調で言ってしまった。

姉は〝不思議モノ〟と聞いて、急に身を乗り出してきた。電話だから本当に身を乗り出したかどうかはわからぬが、そのような気配が感じられる。

話によれば、姉は最近〝不思議な油〟を手に入れたらしい。その油は植物の生命エネルギーだか何だか知らないが、そういうようなものが入っている塗り薬で、

頭痛・切り傷・打ち身・胃痛・鼻づまり等あらゆるものに良く効くというのである。

　私は疑惑の念にかられていた。姉は、誰か怪し気な人にそそのかされて、変な物を買わされているのではないか。そんな気がして仕方ない。そもそも〝あらゆるものに良く効く〟という薬ほど、何にも効かない事が多い。ましてや〝植物の生命エネルギーだか何だか〟という得体の知れぬ成分が入っているというのだ。これを怪しいと言わずして、何を怪しいと言えるであろう。

　そんな私の疑惑の念が姉にも伝わったらしく、「あんた、私の言う事を信用してないね」と言い出したのでギクリとした。姉は少し気を悪くしたらしい。声のトーンが先程より下がっている。これは気持ちが下降した証《あかし》だ。

　姉は「あんたにも、この薬を送ってあげる。本当に効くんだからね」と言い残して電話を切ってしまった。結婚の事を尋ねるチャンスはどこにもなかった。

　母に一部始終を告げると「ふーん…変な油の薬…」と言ってため息をついていた。結婚の事どころか、変な油である。母が落胆するのも無理はない。母は落胆したまま「……あの子、最近じゃ尼さんになるなんて言ってんだよ…」と

つぶやいた。姉が尼に……それなら子供の頃から言ってくれれば良かったのだ。そうすれば琴もピアノも私立の学校も必要なかったのではないか。母と私は「もう勝手に尼さんでも何でもなるがいい」という結論に達し、姉が丸坊主になる話をして笑った。

ところが姉は一向に尼さんになる気配はなく、ヨガだか気功を習い出し、独自に潜在能力を開発しているらしい。織田裕二のファンであるところをみると、まだまだ俗世間に未練があり、出家どころではないであろう。

数日後、姉から例の油が送られてきた。疑《うたぐ》りつつも、せっかくだからと虫刺されに塗ってみると意外にもよく効く。頭痛や肩こりにも使ってみたが、これも意外と調子が良い。母も秘かに愛用し始めたそうだ。だが、あまり絶賛すると姉が図に乗るからほどほどに賛《ほ》めようという事になった。

姉がどこであの変な油を仕入れてくるのか、それはナゾである。宇宙人か仙人に知り合いがいたとしても、もうどうでもよい。宇宙人でも仙人でも何でもいいから早く結婚して母を安心させてやってほしい。

集中力

集中力というのは二時間が限界だ。私の場合、いろいろと気を散らせながら毎日延々と仕事をする事にしている。いや、気を散らしたくないのに散らさざるを得ない。

電話がかかってきたり洗たくをしたりトイレに行ったり資料をみたり人の悩み相談にのったり目の中に倒れたマツ毛を取ったり虫刺されに薬を塗ったりとにかく忙しい。

それでも時々、普段散漫している集中力が一気に集結し、徒党を組んで押し寄せてくる事もある。

私が中学の時、レンガの塊《かたまり》を彫刻刀で彫り、動物を造るという美術の授業があった。私はワニを彫ることにし、レンガに大体の目印をつけた後、一気に彫り進めていった。

もともと美術の授業は好きだったが、この時の私の打ち込み様《よう》は普段とは違っていた。

一心不乱にレンガを彫った。彫って彫って彫りまくった。体中から熱い炎が燃え上がっている様な気がした。だんだん意識が日常から離れてゆき、教室のざわめきも何もかも聞こえなくなっていた。奇妙な静寂に自分独りが包まれ、そこにあるのはレンガの塊だけであった。もう自分さえ居るのだか居ないのだかわからなくなっていた。存在の全てがレンガに集約され、自分もレンガの中に納まった気がした。このまま突っ走り続けたら死ぬのではないかと思われたが、それでもますますのめり込んでいた。

チャイムの音が鳴り、私は我に返った。全身汗だくで、高熱が出た時のようにしばらく朦朧《もうろう》としていた。しかし心地良い陶酔感であった。

後にも先にもあれほどの集中力を発揮した試しはない。異常な体験としてこのように今でも心に残っている。

当時ほどのものではないが、最近かなりの集中力を発揮した時があった。

その日、私は『ちびまる子ちゃん』の漫画の原稿を描いており、アシスタントの関《せき》さんと二人で部屋にこもっていた。

関さんは無口な方《ほう》なので、ひたすら黙々と作業を続けている。私も黙って作業をしていたので、部屋は静まり返っていた。

まる子の顔というのは単純だが実に難しく、うっかりすると全然かわいくない顔になってしまう。私はまる子の顔を描くのに神経を集中し、いつのまにか関さんのいることも忘れていた。

あの、中学の時の彫刻の思い出が蘇《よみがえ》るような状況がやってきた。

私は一切の雑念を忘れ、ただただまる子の顔や体を描く事に集中していた。もはや自分の居る事も忘れ、あるのはペンの先と原稿用紙だけであった。

私はふいにオナラをした。しかし集中していたのでそこに関さんのいる事を忘れたままであった。関さんは何も言わなかったので、私はそのまま関さんの存在を忘れ続けていた。

約二分ほど経《た》ってから、ハッと関さんの存在を思い出した。〝しまった〟と

思った。先程のオナラの事を言おうか今さら言うまいか迷った。言わないのもずいぶん無神経な気がする。しかしオナラ発生から二分も経ち、こんなに気の抜けたタイミングで言うのもどういうものであろうか。

恐る恐る隣にいる関さんの横顔を覗《のぞ》いてみる。関さんの顔は真剣だ。今オナラのことなどでこの真剣な顔を崩してしまうのは罪である。しかしこれ以上時間が経過してしまったらますますタイミングをはずしてしまう。

私は動揺を抑え、なるべく平常心なふりをして低い声で関さんに尋ねた。

「さっき、私、オナラしたよねえ」

関さんは少しうろたえていた。そして気を取り直し、「いいえ、何も聞こえませんでした」と言ってうつむいた。

うそだ。絶対にうそだ。さっきのオナラは普通くらいの音であった。私の耳にも普通に響いたし、普通くらいのが出た時の感覚を、尻の穴だって憶《おぼ》えている。関さんは私に気を遣っているのだ。

私は、よせばいいのに更に関さんに追い打ちをかけ、「うそ、本当は聞こえ

二分ぐらい前にさ…オナラしちゃった….
私
ごめんね
関さん
え…
何もきこえませんでした

墓穴をほる私とうそをつく関さん

たでしょ、ねぇ、ブーって聞こえたでしょ、三分位前だよ、ホラ思い出してごらんよ」とまくしたて始めたので関さんは非常に困惑していた。

「本当に何も聞こえませんでしたよ……」関さんは申し訳なさそうに言っている。一度〝聞こえなかった〟と言ったものを、本当は聞こえていましたとはなかなか言いにくいものである。

　しかし、もし関さんが本当に聞いていなかったとすれば、私はわざわざオナラをした事実を

暴露しなくてもよかった事になる。言ったために自ら恥をかいたのだ。そしてそんな事を聞かされた関さんだってどうして良いかわかるまい。

私達はオナラ一発のためにいたたまれないムードに陥ってしまった。オナラが発生した瞬間なら笑って済まされるものを、変に集中していたためにタイミングをはずした事が全ての災いだったのである。

私達は無言になった。このまま沈黙しているのもやるせない気がしたので私は「あのさー」と何か話題を変えようとした。

しかし「あのさー」のあと、何も思い浮かぶ話題もなく、「さっき、あんまり集中してたもんで、関さんのいる事忘れちゃってさー……」とまた堂々巡りに陥るのであった。

引っ越し

上京してから八年が経《た》ち、その間何回か引っ越しを経験した。

最初に住んでいた部屋は杉並区の高円寺で、駅から歩いて三分という便利な場所にあった。新築のアパートで風呂《ふろ》もあり五万八千円という手頃な物件だったため、地方から上京する事になった私は迷わずそこに決めたのである。

しかしその部屋は一階で日当たりは悪く、六畳一間のワンルームで、おまけに押し入れもない。団地サイズの六畳に、フトンを隅にたたんで置き、タンスと本棚とこたつを置いたらもうそれまでである。

狭い狭いと言い続け、こたつの角で足を打ち、カーテンは閉めっぱなしで暗く、フトンは敷きっぱなしでだらしがないというすさんだ生活を二年半も送ってしまった。

ある日急に「こんなすさんだ生活をしていてはいかん。せめて台所と押し入

れのある場所に引っ越そう」と思い立ち、五分後には不動産屋の門を叩《たた》いていた。この不動産屋は私の住んでいる部屋も紹介してくれた店だったので信頼していたのである。

私は不動産屋の人に「高円寺内で駅から五分以内で台所と押し入れがちゃんとある部屋がほしい。少しくらい高くても良い」と言った。上京した時よりも多少はお金の面で困らなくなっていたので、少し洒落《しゃれ》た部屋を希望してみたのだ。

ところがその不動産屋の人は大変良心的であったため、私にどうしても高い部屋を紹介してはくれなかった。

紹介された部屋は駅から四分で台所と押し入れのある六畳間だったが、何とも所帯じみた生活感のある物件であった。

私は「うーん」とうなり、何か違うと思ったのだが、私の言った条件にピタリと合っている。文句の言いようがない。そして一刻も早く引っ越しをしたかった気持ちもあり、この部屋に住んでみる事にした。このアパートは築三年と

言うだけあり、前のアパートよりうす汚い。私は風呂と便所だけはきれいでなくては耐え難いという性分なので、引っ越しの数日前からこのアパートに通い、風呂や便所の消毒をした。

さて引っ越しの荷物をまとめる事となり、あらゆる不用の物を捨てる事にした。くだらない物をとっておくから部屋がちらかるのだ。これを機会にガンガン捨てよう。そう思い、無意味な物は全てゴミに出した。私の部屋から出たくだらない物は山となり、高円寺北三丁目のゴミ置き場を占領していた。あの六畳の部屋のどこにこれほどのゴミが詰まっていたのであろう。まもなく引っ越しのトラックがやってきてまたたく間に荷物を運び出して行ってしまった。引っ越し屋の去った後の部屋には、ペンペン草ひとつはえてない。哀《かな》しい程にスッキリした部屋を見て、私は二年半暮らしてきた感慨があふれてきて、急に泣けてきたのである。

思えばこの部屋で『まる子』は生まれたのだ。こたつの上でまる子の姿を初めて描いたのだ。それ以来、私とまる子は二人でずっとこの狭い六畳間で暮ら

してきた。私が泣きまる子が泣き、私が笑いまる子が笑った全ての空間はこの部屋の中だった。

半べそをかきながら新しい住居に向かった。引っ越し屋は先に着いて荷を降ろしていた。

新しい住居は実に住み心地が悪かった。せっかく手に入れた押し入れは戸があっというまに壊れ、開けっぱなしになった。そして風呂場は消毒までしたものの使う気がせず、近所の銭湯に通っていた。私が銭湯を研究するはめになったのもこのアパートのせいである。

そのうえ大きなマッサージ椅子を購入したために部屋は狭くなり、それが引き金となりまた引っ越すことになった。わずか五カ月という短いつきあいであった。

今度は違う不動産屋に行った。そして「ひとつ、景気のいい部屋を頼みます」と言い、『新築の賃貸マンションの五階で2ＬＤＫ、高円寺駅から七分』という物件を紹介してもらった。

その部屋は、今まで住んでいたようなものからくらべると、天国であった。窓からは素晴らしい景色が眺められ、台所だけで八畳くらいあり、広い洋間と六畳の和室があり、押し入れ他、収納も充実している。どこかに浅野ゆう子が隠れているんじゃないかと思われる程ハイカラな印象であった。何かノンノやアンアンに出てくる〝私のお城〟という気がし、「これからが本当の私の都会の人生が始まるのだ。毎朝窓辺でポカリスエットを飲もう」と思い、得《え》も言われぬ力が湧いてきた。

私は引っ越しの日まで待ちきれず、自力で少しずつ本やレコードを歩いて運んでいた。働きアリの様にこつこつと巣作りをして楽しんでいたのである。家具屋を見て回ったり食器を集める等、今まで夢みてきた憧《あこが》れのライフスタイルを始めるための努力は惜しまなかった。

ついに引っ越しの日はやってきた。私はまたも不用な物の山を高円寺北二丁目のゴミ置場に残し、胸を躍らせて浅野ゆう子のマンションに移ったのである。

住み心地は快適であった。今にして思えば浅野ゆう子が住むにしては地味だ

ったかもしれないが、それまでの人生でいい住宅事情に逢った事のない私にしてみれば極楽だった。

洗たく機と乾燥機があるだけでも幸せを感じた。もうコインランドリーまで汚れ物をかついで走らなくて済む。5階の窓から見る風景は、全てを手中に収めた女王のような気分にさせた。

田舎から遊びに来た母は、「こんな所に住むんじゃない。わたしゃバチが当たりそうで居ても立ってもいられない」と言って泣きそうになっていた。しかし何度も言うが、浅野ゆう子よりはきっと贅沢《ぜいたく》していない。トレンディー・ドラマで見るよりも数倍地味な生活だったのに、母は腰を抜かしたのだ。それ程、私達家族はハイカラというものに縁がなかったのである。

友人達にもこの住居は好評で、私は〝高円寺内で成り上がってゆく女〟として語られていた。

そんな快適な生活にも別れを告げる時がきた。結婚話が持ち上がり、二人の荷物を納めるには一戸建てが良いのではないか、という事になったのである。

一戸建てといっても、都内の家というのはとても狭い。それでも私達はマンションよりも若干広いというだけで、ものすごく狭い家に引っ越す事にしたのである。

私の荷物だけでも多いのに、主人の荷物は私の五倍はあった。主人の住居にはわけのわからぬ物が山程あり、引っ越しの前日、どこから引っ越しの荷物をまとめたら良いのか、しばらく手のつけられない放心状態が二人を襲った。

やっと少しずつ主人の荷物をまとめようとした矢先、急に主人が体調を崩し「ごめん、気分が悪いから高円寺に帰るよ」と言い出したので私は慌てた。〃おいおい、高円寺に帰るって、アンタ、高円寺のマンションは私の家でアンタの帰る場所はここだろ〃と思ったのだが、あっという間にいなくなってしまった。

この、測り知れない大量の荷物を、私が独りでまとめなくてはならないなんて……ガクッと足の力が抜け、私は倒れ伏した。できない…とても無理だ…でもやらなくてはならない、引っ越し屋は明日やって来るのだ。

夫のわけのわからん物だらけの家に
残されて泣く私。

私は孤独に荷作りをした。泣きながらやっていた。夜通しダンボールや衣類や本類やレコード類達と戦いながら何回も涙をぬぐっていた。途中、大きな地震が起こり、メチャクチャなゴミその他の荷物の中で恐怖のどん底に落ちるという出来事も起こった。それでも荷作りを続けなければならない。

私はもう、主人の物をどんどん捨ててやろうと決意した。どうせ大半がガラクタなのだ。

捨てても彼自身も気がつかないに違いない。そう吹っ切れると、急に楽になった。

あれもこれもみんな捨てた。どうしてこんな物を取っておくのだろうと思うような物ばかり次々と出てきたので次々と捨てた。

結局、彼の住居の三分の二は要らない物で構成されていたのであった。驚くべき事である。そんなにも要らない物に囲まれていて、一体楽しかったのであろうか。

彼の住居から出たゴミの山は、それはそれは凄《すご》い量であった。誇張でなく、ジャングルジム二個分くらいはあった。それをあちこちのゴミ捨て場に分散させて置いてきたのである。私は精も根も尽き果て、高円寺に帰った時に主人がグーグー寝てるのを見てまた泣けた。

引っ越し荷物の点検が済んでも、夫は自分の荷物が三分の二も捨てられた事に気づいていなかった。失った三分の二は、彼の人生の中で本当に必要ない物ばかりだったのだ。それらは「いつか使うかも知れない」と言いながらいつま

で経《た》っても使わない様な曖昧《あいまい》な物ばかりだったのである。

三分の二を捨てたからと言って安心してはいられない。三分の一は新しい住居に入れるのだ。三分の一でもジャングルジム一個分である。そのうえ私の荷物も追加される。私の分はジャングルジム半個分といったところだ。

ジャングルジム一個半の荷物により、狭い一戸建てはあっというまにいっぱいになった。荷物を整理するのにも時間がかかり半年経ってもまだ開けてないダンボールがあったりしたため、来客から「お引っ越ししたばっかりなんですか?」とよく尋ねられ、そのたびに赤面しなくてはならなかった。

そのうち、『ちびまる子ちゃん』のTVアニメが始まり、自宅に次々とキャラクターグッズの見本品が入ったダンボール箱が届くようになってしまった。ちびまる子のフトンやらバッグやらぬいぐるみやら、そんなものがギュウ詰めに入っている大きなダンボール箱が三日に一度は届くのだ。

私はダンボール箱の山に埋もれて漫画を描くはめになった。「もうちびまる子なんてたくさんだ」とうんざりしながら描いてる漫画が『ちびまる子』なの

だから皮肉である。おまけに主人は「ビートルズのリンゴ・スターが使っていたドラムセットが限定復刻されたから買うしかない」と言い出し、私は「これ以上家が狭くなったら人が住むのは不可能だ」と言って命がけで止めたのだが、いつのまにかドラムセットは家に届いていたのである。

ドラムセットのために貴重な六畳間が丸々使用できなくなった。見本品のダンボール箱も、もう台所方面まで占領しつつある。限界だ。この家の収納の限界量をはるかに超している。

私達はまた引っ越す事になった。今度は物置きを充実させ、ドラムセットも置ける家だ。これで人間らしい生活を送れる事になるであろう。

私達は人間らしい生活を求めて、冬のある日、引っ越しをした。超大量な荷物をかかえトラックは走っていった。私達はワレモノや貴重品を自力で運ぶ事にし、「重い重い」とうなりながら道を歩いていた。その日はごていねいに初雪まで降っており、重い荷物を腕にひっかけて傘をささなくてはならない辛さは柔道部の合宿の如しであった。

やっと家に着くと、トラックが着いていないので、「…おかしい」と思っていたところ不動産屋の人がやってきて「すみません、今日が御入居の日でしたが、実はまだ家のあちこちが完成してませんでして、引っ越すのをもう何日か待って下さい」と言っているのが夢の中で聞いている声のようにボンヤリ私の耳に響いてきた。

「…あっそう…」私と主人は雪の中で力尽きた。待っている何日間はどうやって過ごしたら良いのだろう。衣類も食器も全部荷作りしたダンボールの中だ。もう開封したくない。

それからの何日間は、どうやって生きていたのかよく覚えていない。わりばしでセブンイレブンのおすし等を食べて生息していた気がするが、脳への栄養の供給がうまくいっていなかったせいもあり記憶が定かではない。

さまよえる何日間の後、ようやく新居に移った。私達は精神的にも肉体的にも疲れ果て、もう新居を喜ぶ気力すらなかった。しかもまだ未完成だった。

その後も住居はよく雨漏りし、せっかくの物置きもどこからともなく浸水し

たりして役に立たない。照明はなぜか短い寿命のランプが選ばれていて、常に何カ所か切れている状態だ。そのうえ階段の段差がびっくりするほどきついので私は三回も転がり落ち、手足を痛めている。

そろそろまた引っ越したい。

父ヒロシ

父ヒロシは、昭和九年に清水市で生まれ、それから何十年もその地で育ってきた。子供の頃から呑気《のんき》者で、別に何のとりえもなく、他人から憎まれもせず誉《ほ》められもせず、また他人を特に憎みもせず絶賛もせず、ただただ酒と魚を食べて生きている男である。

たまたま結婚をする事になり、同《おな》い年《どし》の女と結婚をした。その女が私の母である。

ヒロシは次男なのに家業の八百屋をうっかり継ぐ事になり、嫁はそれまでやっていた看護婦をやめて八百屋を一緒にする事になった。

ヒロシが結婚して二年ほど経《た》った頃、ひとりの女の子が生まれた。それが私の姉である。

ヒロシは初めての我が子の誕生を喜び、毎日病院に見に来たらしい。そして

その二年後に私が生まれたわけであるが、その時は「また女か」と言って落胆したヒロシは、一度きりしか病院に来なかったと伝えられている。

一度しか私を見に来なかったという話を後にきき、私は三日三晩ヒロシを恨んだ。不良になってやろうかとも思ったが、たかがヒロシの過去の行いのために髪を染めるのも馬鹿らしいのでやめた。

私が二歳半になった時、ヒロシは大変な受難にあう。交通事故にあったのだ。その日ヒロシは友人達と車に乗っていた。ヒロシは助手席に座っていた。車はどこかの家の塀に激突し、運転手は死亡した。助手席のヒロシは顔その他に重傷、他の仲間も負傷した。

当時二歳半だった私は、事故の連絡を受けた母が血相を変えて慌てていたのを見ていた記憶がある。

母は次の日から一週間ほど病院に泊まり込み、二歳半になってもまだおっぱいを飲んでいた私はひどく寂しい日々を過ごす事になった。

病院から戻った母は、ひとりでおとなしく遊んでいる私の姿を見て泣けてき

たと語る。しかしその一方で、もういいかげんで乳離れをさせようと思いたち「おかあさんはね、おとうさんが入院している病院で、おっぱいがでなくなる手術をしてきたから、もうおっぱいは飲めないんだよ」とウソをつき始めた。

幼い頃から疑《うたぐ》り深い私は「ウソだ」と言い、試しに母のおっぱいを吸ってみると、何だかいつもの乳よりまずい気がした。一週間も離れていたので、乳が濃くなって味が変わっていたのだ。

私が「まずい」と言うと母は「そうでしょ、おっぱいが出なくなる薬がまじっているからだよ」と更にウソを言い続けたので遂にだまされ、その日以来乳を飲まぬようになった。ヒロシの入院がなかったら、私は一体何歳まで乳を飲んでいたのであろうか。

退院したヒロシは、顔に負った傷のことを多少気にしていたようであるが、私にはいつものヒロシと変わらぬふうに見えたので「別に前と同じだよ」と言ってあげた。

私も三歳半になり、やっとひとりで便所に入れるようになった。しかし、当

時の我が家のくみ取り便所は幼児がひとりで入るのが危険であったため、必ず誰か大人が監視する事になっていた。

私が用を足している時、ヒロシはふざけて便所の電気を消してしまった。三歳の私の恐怖は、とてもここに書きされるものではない。大絶叫を発し、小便の途中でパンツを上げ、慌てて立ちあがったとたんに片足が便壺《べんつぼ》の中にはまってしまった。

私の悲鳴を聞きつけた母がものすごい速さでとんできて、ぼっ立って呆然《ぼうぜん》としているヒロシを押しのけて私を救出してくれた。

ヒロシは母に叱《しか》られた。ものすごく叱られた。私はヒロシなんてこの際徹底的に叱られるべきだと思っていたので、わざとダイナミックな泣き声を放ち、「おとうさんがァ、わざとやったァ」などと稚拙な言語で責め立ててやった。

ヒロシは、ウンともスンとも言わずに、ただウロウロして私と母の周りに佇《たたず》んでいた。母は、私の汚れた片足を、ヒロシの古いパンツでふいていた。そして「これ、あんたのパンツだけど、この子の足ふいたら捨てるからねっ。

バチだよっ」と怒鳴った。くだらないいたずらをしたために、ヒロシは自らのパンツを一枚失ったのである。

そんなある日、家族四人でデパートに行ってみる事になった。デパートなど、めったに行かない家庭だったが、何か買わなくてはならない物でもあったのだろう。

姉はヒロシと手をつなぎ、私は母と手をつないでいた。やがてエスカレーターに乗る場所に着き、ヒロシ達は問題なく普通に上へ昇っていった。しかし、母はエスカレーターが苦手で、タイミングよく乗れないという非常に時代遅れな女であったため、次々と現れる階段を見つめながら飛び乗るチャンスをうかがっていた。

母はしばらく昇り口で止まっていたが、一念発起して飛び乗ってみた。しかしタイミングが合わず、私の手を引いたままゴロリと転がってしまったのだ。

ヒロシはゴロリと転がった母と私を見て見ぬふりをした。慌てず騒がず、も

たよりなく とりえもないが
にくめない男ヒロシ。
ふろはいるぞー
かえのパンツ
だしとけよー

ちろん助けようともせず、そのまま姉の手を引いて上の階まで行ってしまった。

私達はヒロシに見捨てられたのだ。ヒロシは人前で大恥をかいた私達と関《かか》わるのを避け、自分だけ逃げたのである。

母は口惜《くや》しがった。私もヒロシを非難した。だがヒロシは別に悪びれた様子もなく、ただ何となく笑ったような顔をしてタバコをふかしているだけであった。

ヒロシはいつもそうである。ただ何となく笑ったような顔をしている。か

と言って大笑いする事もなく怒る事もない。何だかわからぬ男である。母も「わたしゃあの人がわかんないよ」とよく言っている。

だが、ボンヤリしているヒロシでも、彼の気持ちは私達に伝わっていた。とりたてて語るほどのエピソードはないが彼の根底に流れる家族への想いは常に普遍なものとして彼と共にそこにあった。言いようのないものを感じながら生きてゆくのが家族というものであろう。ヒロシ自身もそれだけが皆にわかってもらえていれば、あとはどうでもいいようであった。

私が中学二年の頃、クラスのお金持ちの友人の豊かな生活ぶりが、我が家のうす暗い蛍光灯の下で延々と話題になった事があった。

その友人の父は立派な人で、家には賞状やゴルフのトロフィーがわんさかあり、広いリビングには花が咲き乱れ、大きなソファーには三人位寝ころぶ事ができる…等々、我が家とはまるっきり縁のない話を私は物語のように次々と家族に話してきかせた。

突然ヒロシは、ボソッと「おまえも、そういう父さんのところに生まれりゃ

よかったなぁ」とつぶやいた。

私は、別にヒロシを気の毒に思ったわけでも何でもないが、「どこの父さんも同じだよ。うちのお父さんもあの子ンちのお父さんも、お父さんはお父さんだ」と言うと、ヒロシは今までに見たこともない様なうれしそうな顔をして「そうか」と言った。

あれ以上うれしそうなヒロシの顔は、あとにも先にも見たことがない。ヒロシは本当にうれしかったのだ。私が何気なく言ったことを、ヒロシは心の奥底で受けとめたのだ。

相変わらずヒロシは大笑いもせず怒りもせず、気ままに生きている。『ちびまる子ちゃん』に描かれるようになってから、他人にまで「あ、父ヒロシだ」などと呼び捨てにされる事もあるらしいが、それでも平気で生きている。

母の話によれば、ヒロシは最近太ってきた様子である。腹が出てきて仕方がない、と母は力なく語っていた。

腹が出ようが出まいが、ヒロシにとってはそんな事はどうでもいいのである。

彼にとって一番の問題は、近所のおいしい魚屋が定休日のときはどこで買うのがベストであるか、という事ぐらいなものなのだ。

その後の話

歯医者に行く

あの日以来、私は歯医者に行っていない。つまり、治療の途中で怠けているのである。

深刻に痛くならないと、病院というものはなかなか行かない所である。私も早くまた行かなくてはと思ってはいるのだが、とりあえず今痛くないので日々の忙しさにかまけて行くのを忘れている。

また歯医者に行ったら笑気ガスをやってもらうのだ。そして「ドンと来い」という気持ちになってから麻酔を打ってもらうのだ。少し、わくわくする。

独自の研究

姉も、独自に何かを研究しているらしい。何やら〃体の気を浄化させる石〃

だかというものを持っており、ポケットの中にゴロゴロと幾つもの石を入れている。彼女が走るとゴロゴロという音がするのですぐわかる。だがその石を持っていたおかげで何かいい事があったかどうかは知らない。

習字のおけいこ

あれから何回かおけいこに通ってみたが、〝あんみつ仲間〟はまだできていない。私はやっともうすぐ「いろはにほへと」のひと通りが終わるところだ。はやくうまくなって、俳句をサラサラッと色紙に書いたりしたいものである。

本当は水墨画も習いたいのだが、なかなか暇がないので独学で少しずつ練習している。

小杉のばばあ

小杉のばばあはもういない。死ぬという事はいなくなる、そういう事なのだ。花も小屋も木も、全部置いたままいなくなってしまった。

私もいつかいなくなる。あと五十年後かもしれないし、もっと早いかもしれない。死ぬ可能性は次の瞬間にもある。今生きている事はあたり前ではなく、可能性の高い偶然にすぎない。

小杉のばばあが生きていた時間は、あの時間だけの事であった。誰もが、生きている時間は生きている間だけしかない。ミーコが生きていた時間も、十三年間というそれだけの間であった。死ぬ可能性をも含む生きている時間を、私は本当に貴重だと思う。

ひろ子の揉《も》め事

ひろ子はあれからどうしているであろうか。あの軽そうな男とはもう別れたであろうか。ひろ子はなかなか別れられないかもしれない。あんな男と知りつつも、まだ愛想が尽きないで一緒になる日を夢みている可能性もある。

辛いのはひろ子だけではない。二股《ふたまた》だか三股かけられている他の女も辛いのだ。しかしそれでもあの男が好きなのなら、もう仕方ないのだ。ひろ子の友達

がどんなに言ってもどうにもなるものではない。ひろ子だって、きっと自分でもバカだと思っているだろう。男女の仲のことは、まわりでどんなに騒いでもなかなか説得できないものなのだ。そっと見守ってやるのが、まあベストと言えよう。

心配をかける姉

姉がくれた変な油は、あれからますます役に立っている。胃が痛い時は腹の上部に塗れば楽になるし、足の疲れも良くなるし、筋肉痛にも効く。一体あの油は何なのだ。

相変わらず母もあの油を利用しているらしい。母は壁に頭をぶつけておでこから血が出た時に、あの油を塗ったら傷跡も残らずにすぐ治ったと語っていた。

心配をかける姉だが、時にはこのように役に立つこともあるのだ。同じ家族の一員として、父ヒロシの奮起を望む。

集中力

アシスタントの関さんは、現在もまだ「あのときオナラの音はきこえませんでした」と言い張っている。まだそう言っているところをみると、本当にきこえなかったのかもしれない。

だとすれば、関さんもよっぽど集中していたのだ。彼女は黙々と仕事をこなす職人気質《かたぎ》な人だから、私のオナラなんかにかまっていられなかったのかもしれぬ。そうなると、やはり私は一方的に恥をかいたのだ。余計な事は言わないに限る。今度から、もしそういう事があったら必ず「今のはきこえました」と言ってもらう事にしよう。言わなかったらきこえなかったとみなし、私も黙っている事にする。

引っ越し

引っ越しというのは、本当に本当に大変な作業である。他人が引っ越しをするという話をきいても気が重くなるほど大変なものだ。

だいたい、大そうじですら気が遠くなるのに、引っ越しというのは大そうじより五倍以上は苦労するのだ。ダンボールに物を詰め、家具を移動し、再びダンボールの物を中から取り出して並べるのである。考えただけで泣きたくなる。それにしても引っ越し屋さんというのはたいしたものだ。あの人達がいなかったら私は永遠に高円寺の六畳一間で生活をしているだろう。

この先の人生で、また引っ越しがあるかもしれない。それを思うと、まだまだ骨を丈夫にしておかなくてはならぬと思い、カルシウムをよくとるように心がけている。

父ヒロシ

父ヒロシは、今回のエッセイで自分自身が遂にネタになった事をまだ知らずに生きている。この本を最後まで読むかどうかわからないので、誰かが教えてやらなくては一生知らぬまま過ごすであろう。

でもいい。それが父ヒロシなのだから…。

あとがき

『もものかんづめ』『さるのこしかけ』に続いて、この『たいのおかしら』は私のエッセイ集の第三弾である。

今回、このエッセイ集のタイトルを決めるのに、相当悩んでしまった。『もものかんづめ』『さるのこしかけ』のように、『○○の○○○○』というものにしなくてはならない。しなくてはならない事もないのだが、そうする方がシリーズ的である。

しかも『○○の○○○○』でありながら、それはひとつの意味をもつ名詞を示していなくてはならない。『もものかんづめ』にしても『さるのこしかけ』

にしても、そのような名前の物が実在する。だから、いくら『〇〇の〇〇〇〇』という言葉を思いついたからといっても『ブタのなわとび』等という意味のないものではダメなのだ。

　私は何かおめでたいタイトルが良いなァと思い、鯛《たい》のことを思い出した。あの魚はおめでたい。特におかしらがおめでたいのだ。そうだ、よし、それにしよう。

　…というわけで、『たいのおかしら』に決まったのである。

　今回の『たいのおかしら』で、この『〇〇の〇〇〇』シリーズは三部作となり、ちょうど区切りが良いので、このシリーズは一段落しようと思っている。

　一段落すると言っても、どうせまたこのようなエッセイを書くことは間違いないと思うので、新シリーズでいくかもしれないし、もしかしたら「三部作のはずが四部作になりました」と言って、再び『〇〇の〇〇〇』が復活するかもしれない。つまり自分でもまだ決めていないのである。

　でも、とりあえずこの三部作につきあって下さいました多くの皆様、本当に

ありがとうございました。心から感謝いたします。これからも、どうぞよろしくお願いいたします。

ごきげんよう。

一九九三年五月

さくらももこ

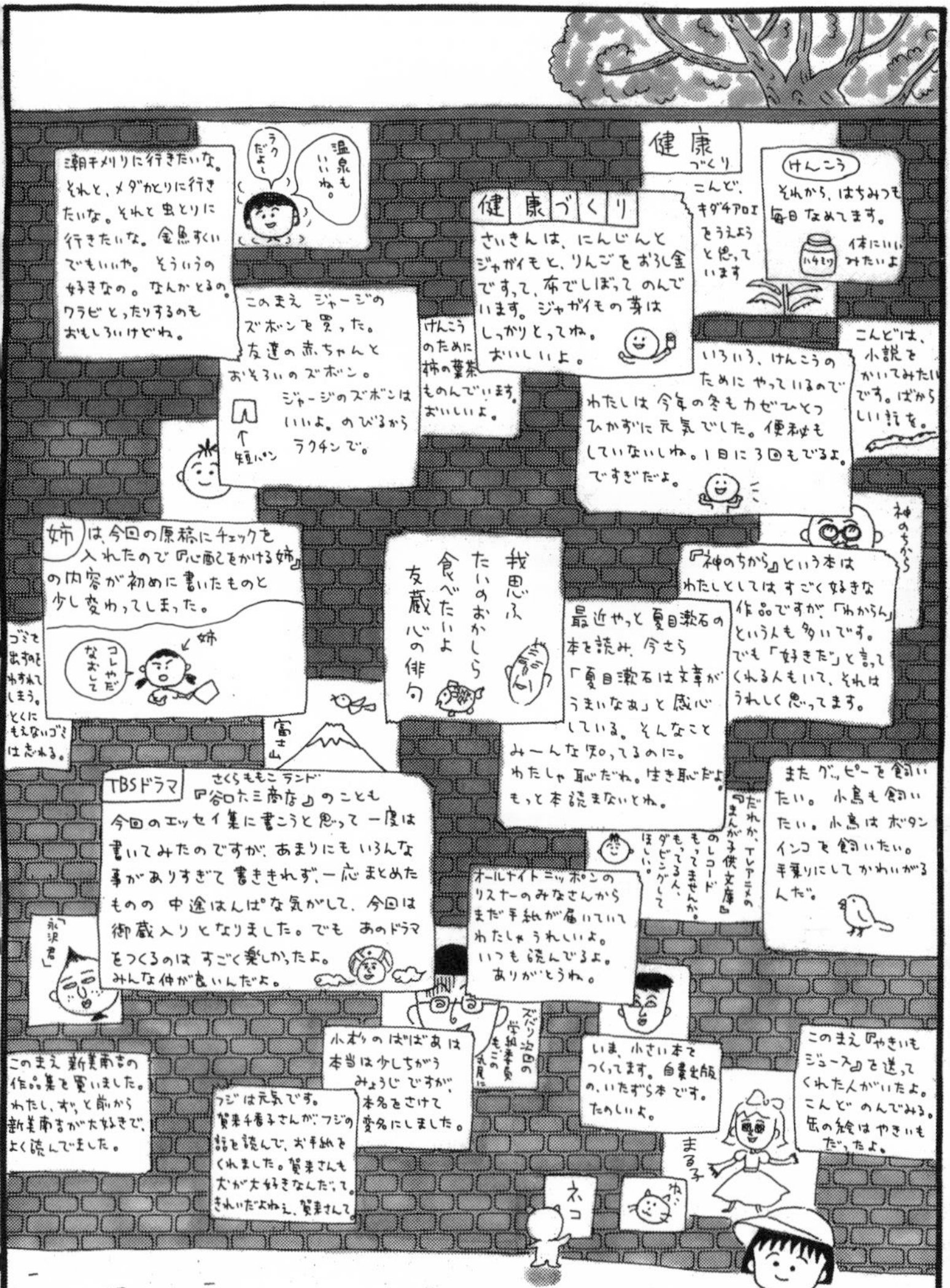

潮干狩りに行きたいな。それと、メダカとりに行きたいな。それと虫とりに行きたいな。金魚すくいでもいいや。そういうの好きなの。なんかとるの。ワラビとったりするのもおもしろいけどね。
温泉もいいね。
ラクだよ〜
健康づくり
こんど、キダチアロエをうえようと思っています
けんこう
それから、はちみつも毎日なめてます。
ハチミツ
体にいいみたいよ
健康づくり
さいきんは、にんじんとジャガイモと、りんごをおろし金ですって、布でしぼってのんでいます。ジャガイモの芽はしっかりとってね。おいしいよ。
このまえ ジャージのズボンを買った。友達の赤ちゃんとおそろいのズボン。
ジャージのズボンはいいよ。のびるから ラクチンで。
短パン
けんこうのために柿の葉茶ものんでいます。おいしいよ。
こんどは、小説をかいてみたいです。ばからしい話を。
いろいろ、けんこうのためにやっているので わたしは今年の冬もカゼひとつひかずに元気でした。便秘もしていないしね。1日に3回もでるよ。でずぎだよ。
神のちから
姉は今回の原稿にチェックを入れたので『心配をかける姉』の内容が初めに書いたものと少し変わってしまった。
コレやだなおして
姉
ゴミを出す日をわすれてしまう。とくにもえないゴミは忘れる。
我思ふ たいのおかしら食べたいよ 友蔵 心の俳句
『神のちから』という本はわたしとしてはすごく好きな作品ですが、「わからん」という人も多いです。でも「好きだ」と言ってくれる人もいて、それはうれしく思ってます。
最近やっと夏目漱石の本を読み、今さら「夏目漱石は文章がうまいなぁ」と感心している。そんなことみーんな知ってるのに。わたしゃ恥だね。生き恥だよ。もっと本読まないとね。
富士山
TBSドラマ
さくらももこランド『谷口六三商店』のことも今回のエッセイ集に書こうと思って一度は書いてみたのですが、あまりにもいろんな事がありすぎて書ききれず、一応まとめたものの中途はんぱな気がして、今回は御蔵入りとなりました。でも あのドラマをつくるのは すごく楽しかったよ。みんな仲が良いんだよ。
『だれか、テレアニメの『まんが子供文庫』のレコードもってませんか。もってる人、ダビングしてほしい。
またグッピーを飼いたい。小鳥も飼いたい。小鳥はボタンインコを飼いたい。手乗りにしてかわいがるんだ。
オールナイトニッポンのリスナーのみなさんからまだ手紙が届いていてわたしゃうれしいよ。いつも読んでるよ。ありがとうね。
「永沢君」
ズバリ次回の学級委員もこの人に
小杉のばばあは本当は少しちがうみょうじですが、本名をさけて変名にしました。
このまえ新美南吉の作品集を買いました。わたし、ずっと前から新美南吉が大好きで、よく読んでました。
フジは元気です。賀来千香子さんが、フジの話を読んで、お手紙をくれました。賀来さんも犬が大好きなんだって。きれいだよねえ、賀来さんて。
いま、小さい本をつくってます。自費出版の、いたずら本です。たのしいよ。
このまえ『やきいもジュース』を送ってくれた人がいたよ。こんどのんでみる。缶の絵はやきいもだったよ。
まる子
ネコ
ねこ
(きゃたつ)

たいのおかしら

一九九三年 七 月二〇日 第一刷発行
一九九三年 九 月一五日 第八刷発行

著 者 さくらももこ

発行者 若菜 正

発行所 株式会社集英社
東京都千代田区一ッ橋二―五―一〇
郵便番号 一〇一―五〇
電話 編集部 (〇三) 三二三〇―六一〇〇
販売部 (〇三) 三二三〇―六三九三
制作部 (〇三) 三二三〇―六〇八〇
印刷所 中央精版印刷株式会社

検印廃止

ISBN4-08-775166-X C0095

ももこ作品リスト

もものかんづめ

発売以来、日本中を今も笑わせ続けるエッセイ第一弾。水虫に悩む人には必見の情報も収録!!

さるのこしかけ

波乱のインド旅行やP《ポール》・マッカートニーなど世界をまたにかけたエッセイ第二弾。読んで悔いなし。

まるむし帳

ことばと絵で表現する宇宙・日常・存在・生。心の疲れを癒したいあなた、ぜひ一度お試しあれ。

●りぼんマスコット・コミックス

ちびまる子ちゃん①〜⑩

誰もが共感してしまう人気シリーズ。TV休止中も漫画版では更に大活躍。全巻おまけのページつき。

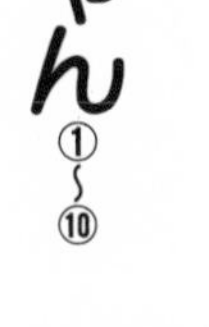

●映画第一作特別描き下ろし・愛蔵版

ちびまる子ちゃん

大野君と杉山君の活躍が大好評の映画第一作。プレゼントにも最適のハードカバー大型愛蔵版。

すべて大好評発売中。書店にない場合は注文して下さい。1〜2週間で届きます。

集英社刊 さくら

●映画第一作・ホームコミックス版

ちびまる子ちゃん 大野君と杉山君

映画第一作のコミックスサイズ版。描き下ろしの未来版「まる子のクラスの同窓会」も特別収録。

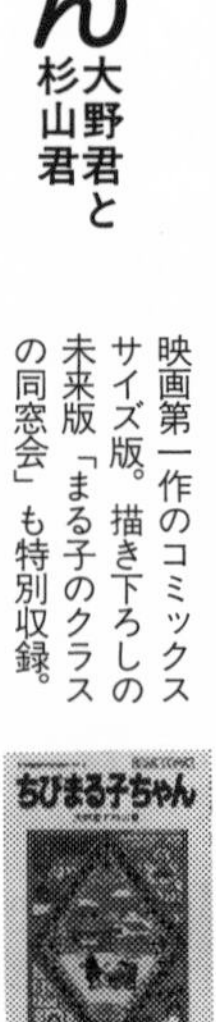

●映画第二作特別描き下ろし・愛蔵版

ちびまる子ちゃん わたしの好きな歌

各界で大好評の映画第二作。カラー口絵として各登場人物が劇中で描いた絵も収録の大型愛蔵版。

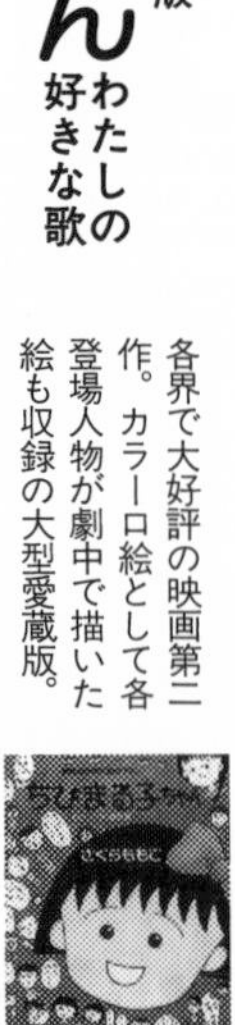

●映画第二作・りぼんマスコット・コミックス版

ちびまる子ちゃん わたしの好きな歌

映画第二作のコミックスサイズ版。描き下ろしのおまけ漫画やメッセージを新たに全四ページ収録。

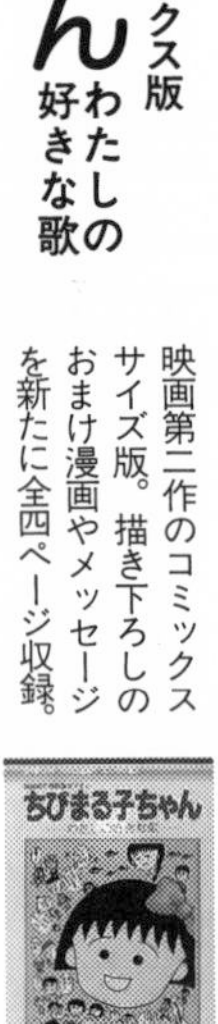

●さくらももこのシリーズ絵本

ちびまる子ちゃん①～⑤

イラストレーターとしても評価の高い作者が描き下ろしていく絵本シリーズ。箱入五冊セットも有。

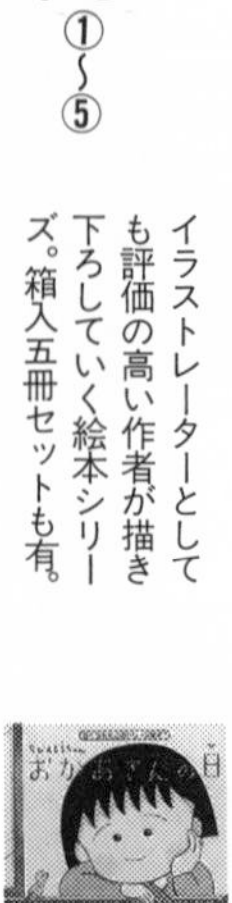

ちびまる子ちゃん おたのしみブック

楽しいゲームやパズルがオールカラーでどっさりの一冊。シール・ポスト・カード・占いカードつき。

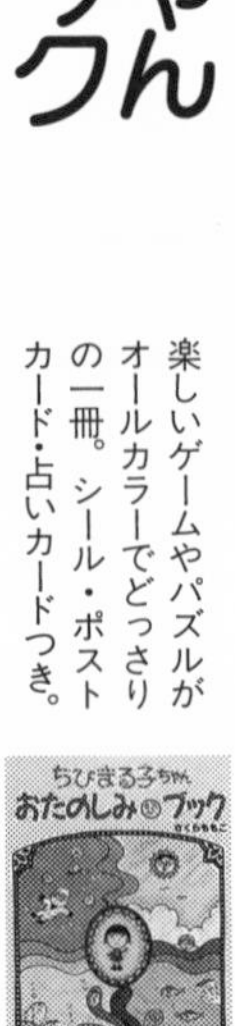

集英社